JN148193

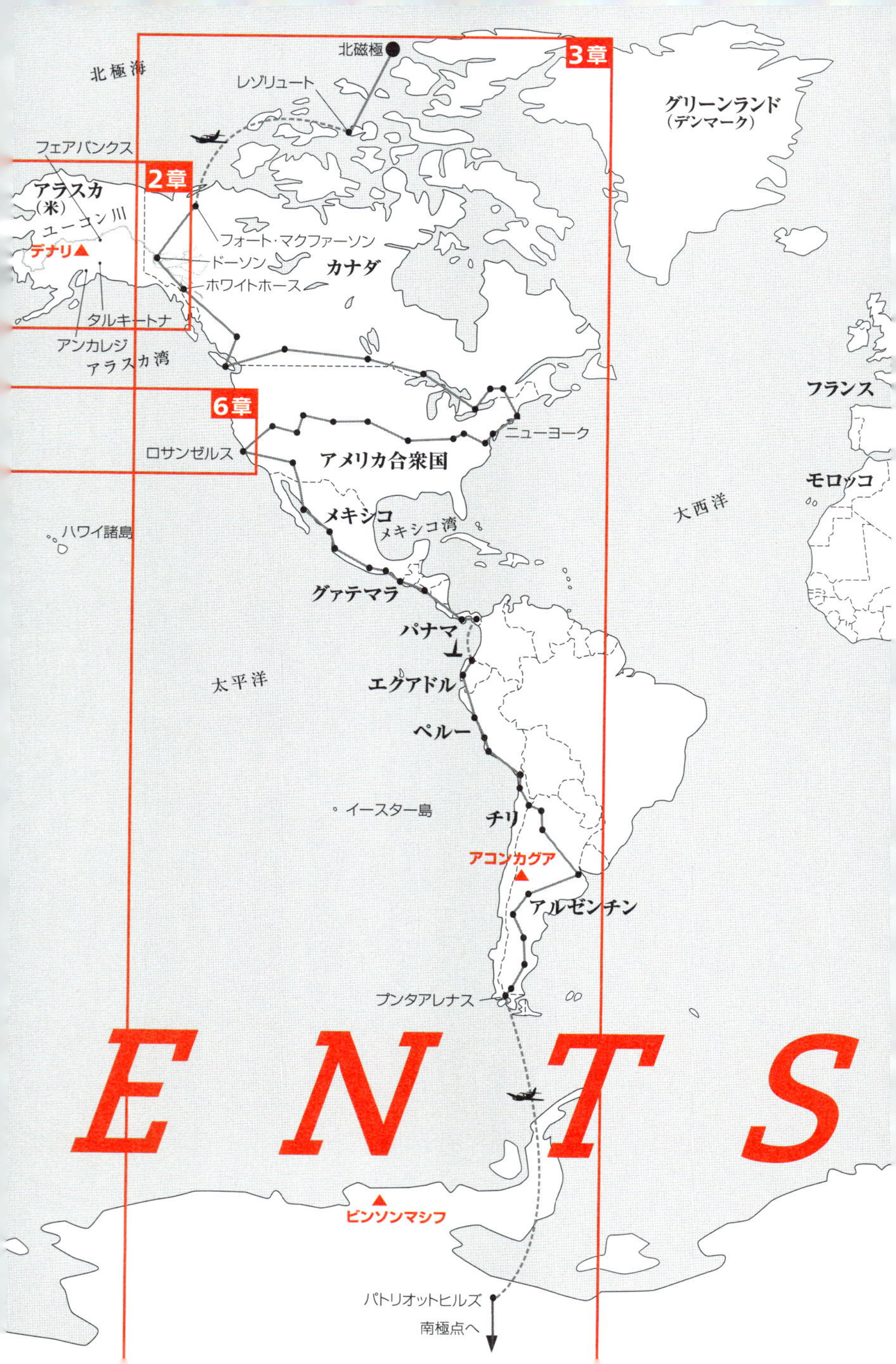

北極海
北磁極
3章
レゾリュート
グリーンランド
（デンマーク）
フェアバンクス
2章
アラスカ
（米）
ユーコン川
フォート・マクファーソン
デナリ
ドーソン
カナダ
ホワイトホース
タルキートナ
アンカレジ
アラスカ湾
フランス
6章
ニューヨーク
ロサンゼルス
アメリカ合衆国
モロッコ
大西洋
メキシコ
メキシコ湾
ハワイ諸島
グァテマラ
パナマ
太平洋
エクアドル
ペルー
イースター島
チリ
アコンカグア
アルゼンチン
プンタアレナス
E N T S
ビンソンマシフ
パトリオットヒルズ
南極点へ

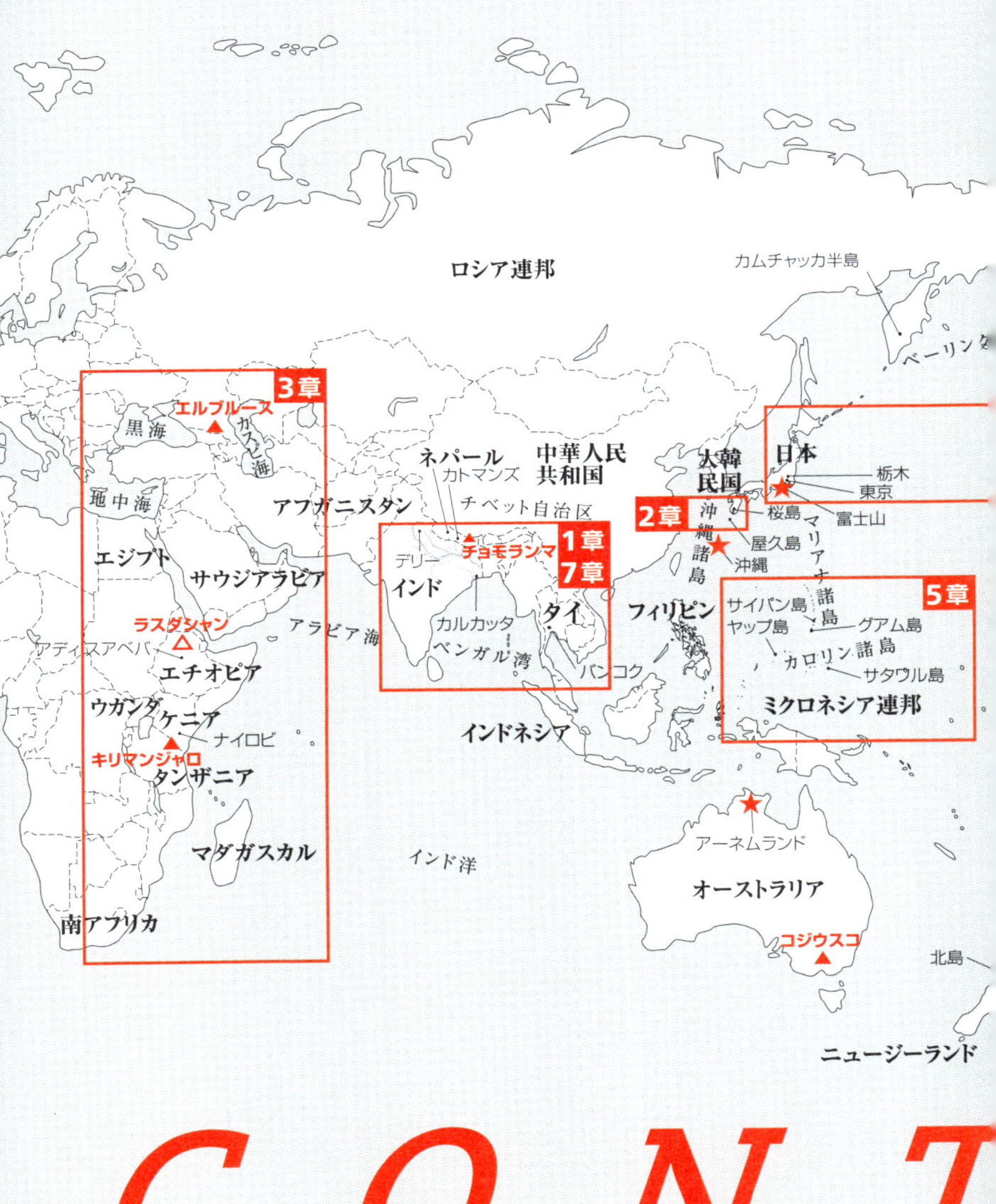

国名・地名はおもに、訪れたところ、本書に登場する場所を示しています。

▲は、世界七大大陸最高峰を表します（4章に詳述）。

★は、8章に登場します。

7章は増補頁です。

目次

いま生きているという冒険

——ぼくの旅を支えてくれたすべての人たちに、感謝を込めて

インド一人旅

——世界を経験する方法としての旅

中華人民共和国
CHINA
ャンマー
YANMAR
ラオス
LAOS
タイ
THAILAND
バンコク
Bangkok
カルカッタへ
マレーシア
MALAYSIA

アフガニスタン
AFGANISTAN
パキスタン
PAKISTAN
ネパール
NEPAL
（チベット自治区）
ヒマラヤ山脈
チョモランマ
Qomolangma
ポカラ
Pokhara
カトマンズ
Kathmandu
デリー
Delhi
ガンジス川
Ganges River
アーグラー
Agra
バラナシ
Varanasi
パトナー
Patna
ブッダガヤ
BodhGaya
バングラデシュ
BANGLADESH
ハウラー
Haora
カルカッタ
Kolkata
フーグリー川
Hugli River
インド
INDIA
デカン高原
Deccan
ボンベイ
Bombay
ベンガル湾
BAY OF BENGAL
アラビア海
ARABIAN SEA
チェンナイ
Chennai
スリランカ
SRILANKA

言葉の旅から現実の旅へ

はじめて一人旅をしたのは中学二年の冬でした。坂本竜馬について書かれた小説を読み、竜馬ゆかりの地を訪ねようと、彼の生まれ故郷である高知に向かいました。お金はほとんどなかったので、安い運賃で各駅停車の列車に一日乗り放題の「青春18きっぷ」*を駆使して、野宿しながら高知までたどり着いたのです。せっかくだから竜馬のお墓参りをしようと思ったのですが、たまたま入った喫茶店のマスターに、竜馬のお墓は高知ではなくて京都にあると知らされ、とぼとぼ家に帰ったのを覚えています。そんな一人旅をして以来、ぼくはスーパーマーケットで買った安いテントと寝袋を持って国内をひたすら歩きはじめることになりました。

旅に出るようになった一番のきっかけは読書です。小学生のころから本を読むのがとにかく好きで、国語の時間などは授業そっちのけで、勝手に教科書を読みすすめていました。

古い探検ものはもちろん、ノンフィクションから小説まで、さまざまなジャンルの本と出会うなかで、描かれている風景を自分でも見てみたい、その光景のなかに身を置いてみたいと強く思うようになりました。

一人で高知に行ってから、海外への憧れは強くなる一方でした。いったいどんな世界がそこに待っていて、そもそも世界とはいったい何なのだろう。家と学校との往復を繰り返しながら、ぼくは昼休みや通学する電車のなかで言葉によってつむがれる世界を恐る恐る、しかし強い好奇心をもって旅していたのです。

実際に世界への一歩を踏み出したのは高校二年のときでした。若い頃バックパッカー*だった高校の世界史の先生が、ある日の授業中にインド旅行の話をしてくれました。授業は聞かなくても、雑談になると自分はいつも耳をそばだてます。そういうところに先生の人柄が現れるからです。

そのときぼくはすでにインド旅行記をいくつか読んでいましたから、先生の話がことさ

青春18きっぷ

多分「青春まっただなかの18歳くらいで旅に出よう」とか、「青春時代の気持ちで電車に乗ろう」とか、いろいろな意味が込められているのでしょうが、正式な名前の由来はそんなに重要ではありません。一日だけJRの列車に乗り放題（特急や新幹線を除く）のキップが五枚綴りで売られていて、お金はないけれど時間はある若者などに人気の特別キップです。時刻表を片手に緻密に計算すれば、たとえば東京から熊本あたりまで乗り継ぎを繰り返して一日で行くことも可能です。飛行機や新幹線では見られない車窓の風景を楽しみ、空いたローカル列車を独り占めできますが、一日中乗っているとさすがにお尻と腰が痛くなりました。「青春18きっぷ」と銘打ちながら、老若男女誰でも使えるのがこのキップのいいところです。ぼくも中学高校時代にこのキップを使って日本全国津々浦々を旅しました。

バックパッカー

スーツケースではなく、バックパックを背負って身軽に旅する旅行者のことです。ツアーではなく個人旅行を楽しみ、独自の情報網で安宿を突き止める勘をもっています。世界中のあらゆる場所に出没しますが、安宿のドミトリーに住み着いてしまう人や貧乏原理主義や長旅自慢をするバックパッカーもたまにいますが、旅の在り方は人それぞれ。特になりたいと思ってなるものではなく、少ないお金で長く旅しようとすれば、自然と同じスタイルに落ち着いてしまうでしょう。アジアに特に多く、タイやインドはバックパッカーが沈没（＝長期滞在）している代表的な国だといえます。

ら目新しいということはありませんでした。むしろ、そういう旅をしている人が身近にいる、ということのほうに驚きました。いま考えると、どうも自分は長旅をする人が特殊な人だと思っていた節があります。

授業の最後に先生が言いました。「インドを旅してみる気はないか。興味のあるヤツは放課後におれのところへこい」。

話を聞きに行ったのは、ぼく一人だけでした。高校二年といえば、そろそろ受験や就職について考える時期なので、みんな旅行どころではなかったのでしょう。安宿に泊まり、混沌としたインドの街なかを人々にもまれながら旅する先生の話は魅力的で、ぼくはどうしてもインドに行きたいと思うようになりました。「いつか」ではなく、「いま」行きたいと思ったし、「きっと」行くのではなく「絶対」に行こうと思いました。

通っていた高校ではアルバイトが禁止されていましたが、内緒で日雇いの引っ越し手伝いのアルバイトをはじめ、半年間で貯金もあわせて十二万円ほど貯めました。聞いたこともない航空会社の格安航空券を買い、安宿を泊まり歩けば、物価の安いインドならなんとか一カ月間は暮らせるはずです。

親にもそれとなくインド一人旅の話を切り出してみました。こういうことに関しては比較的おおらかな家庭だと思っていましたが、それでもやはりいい返事はもらえません。

「どうしてもアジアに行きたいなら、期間は一週間くらいにして、安全なシンガポールあたりにしなさい」と言われました。シンガポールに行く気はまったくありませんでしたが、ぼくはそこで一応うなずきました。ただしタイのバンコク経由でシンガポールに行くと言って、バンコクからインドに飛んでしまおうと思ったのです。

日本―バンコク往復のチケットを買い、バンコクにある現地の旅行会社でインド行きのチケットを買うと、日本から直接インドに行くより安くあがることがわかりました。七月も終わりに近いハイシーズンでしたが、チケットの総費用は七万円ほどでした。予算総額は十二万円なので、自動的に残りの五万円弱がインドでの一カ月間の生活費となります。

インド大使館に行ってビザをとり、いよいよ準備万端です。出発前、世界史の先生は餞別代わりに分厚い英語のガイドブック『ロンリープラネット』をぼくにくれました。一九九四年、高校が夏休みに入った直後、目一杯ふくれあがった黒い小さなリュックサックを背負って、ぼくはひとりバンコクへと旅立ちました。

バンコクでの日々

バンコクのドンムアン空港に降り立った瞬間、ねっとりとしたアジアの空気がまとわりついてきます。最初の目的地は安宿街として有名なカオサンロード。今から十年前のカオサンロードは世界中から貧乏旅行者が集まり、近くにデパート、市場、銀行などがある便利な地域でした。ここでぼくはインド行きのチケットを確保しなくてはなりません。

安宿のドミトリーにチェックインし、早速、カオサンロードに軒を連ねる旅行代理店の一つを訪ねました。学校の授業以外で英会話の経験などありませんでしたが、相手の目をしっかり見て、身ぶり手ぶりで熱意をもって話せばなんとか通じるものです。カウンターの女性も細かい話し合いは無理だとわかったらしく、カレンダーやメモ帳を取り出して、懇切丁寧に対応してくれました。結局、数十分の会話の末、ぼくは三日後のカルカッタ

（現、コルカタ）行きの航空券を買えたのです。最後に店を出るとき、知っている数少ないタイ語の一つ「コップンクラップ（ありがとう）！」と言ったら、カウンターのお姉さんもにこにこして「コップンカー（ありがとう）！」と手を振ってくれました。

旅行費を安くあげるために向かったバンコクですが、インドの衝撃をやわらげる意味でも立ち寄って正解でした。市場を歩きながらドリアンやマンゴスチンなどのめずらしい果物をむさぼり食べ、タイ特有のきらびやかな寺を訪ねたり船に揺られたりしながらバンコクでの日々は過ぎていきました。そして、いよいよ念願のインドへ向かう日がやってきました。

何者でもない「自分」

カルカッタのダムダム空港に到着すると、ホテルやタクシーの客引きにもみくちゃにされました。バスでも列車でも、インドの町に着くと必ず巻き込まれる洗礼のようなものです。もちろん初めての体験だったので、このときは正直怯えました。噂には聞いていたけれど、ここまで血眼で勧誘されると恐ろしいものです。しかし、ぼくはいかにも落ち着き払った風を装って、なるべく人相のいいタクシー運転手をつかまえました。インドではお金が絡めば何をするにもまず交渉です。定価などはないに等しく、言い値に従うと大抵ボラれると思ったほうがいいでしょう。

なんとか交渉は成立し、タクシーでサダルストリートへ向かいました。サダルストリートもバンコクのカオサンロードと同じく、バックパッカーのあいだでは有名な安宿街です。

タクシーから降りると、カラスと一緒にゴミの山を漁る老婆の姿が飛び込んできました。通りは想像以上に閑散としていて、道の両脇にはうずくまった乞食たちが目をぎらぎら光らせています。

「とんでもないところにきてしまった……」。インドの第一印象は今でもはっきりと記憶に残っています。

今夜の宿を探すために思い切って歩き始めると、早速一人の男が日本語で声をかけてきました。

「アナタ、ニホンジン、ハッパカウ、ヤスイネ」。

「いらない」。

「ノータカイ、ヤスイネ」。

「でもいらない」。こんな胡散臭いしゃべり方をする男を誰が信用するのでしょう。不毛なやりとりを繰り返しつつ、旅行者向けのドラッグの売人はいつまでもつきまとってきました。

幾人かの物売りをまわりにしたがえながら通りを歩き回り、一軒の宿を見つけました。トイレ・シャワー付きでおよそ三百円。部屋を見せてもらったところ、南京虫もいないようです。物売りから逃れたいこともあって、ぼくは早々に今夜の宿をここに決め、部屋に鍵をかけてせまいシングルベッドに横になりました。緊張と疲れで硬くなった身体から力が抜け、自分が異邦人であることをこのときはっきりと認識しました。

部屋のトイレには紙がありません。インドのトイレは紙を使わず、左手と水だけで済ませる、ということを知ってはいたのですが、いざ本番となるとなかなか勇気が出ないものです。インドではご飯を食べるのも、握手をするのも右手だけを使い、左手は不浄の手とされています。右手に持ったプラスチックのじょうろに水を入れ、ちろちろとお尻に水をかけながら、エイヤッと左手でふきにかかります。手を使うウォシュレットと言えばわかりやすいでしょうか。紙を使わないのは経済的だし、慣れてしまうと何だか爽快です。インド人にしてみれば、紙でお尻を拭くことを「なんて不潔！」と思っているかもしれませんね。

人心地をとりもどし、手ぶらで街へ出てみることにしました。夕方になって人が増えてきたようです。日本人なんてめずらしくないだろうに、足のつま先から頭のてっぺんまでなめるように観察してくる人が多く、どうも自由な気がしません。日本で束縛されるように思っていた自分を自由に感じ、自由だと思っていた海外の旅先では異邦人であるが故に不自由さを感じます。海外に出て自分の国籍や性別を再確認する人もいるでしょうし、このようにして、逆に今まで抱えていたさまざまな境界が薄れていって何者でもないひとりの「わたし」を意識しはじめる人もいます。ぼくはどちらかというと後者のほうでした。途中、おもちゃ売りの少年になかば強引にポケットの中の飴を奪われたり、全身をできものに覆われた男の鋭い視線に思わずたじろいだりすることもありました。孫のように歳が離れている自分に手を差し出し、バクシーシ*を要求する年寄りもいます。オートリキシャにクラクションを鳴らされ、寝そべる牛をよけながら多様な人間のあいだをすりぬけて

バクシーシ

インドで路上生活者と目が合うと、「バクシーシ！」と頻繁に声をかけられます。〝喜捨〟とか〝ほどこし〟という意味があり、富のある人が貧しい人にお金などの財物を差し出すことで徳を積む、という考え方がヒンドゥー教やイスラム教の国々にあるのです。インドの人をよく観察すればわかりますが、お金をあげるほうに特別「めぐんでいる」という感覚はないし、もらうほうにも卑屈な感じもありません。余裕のある人がたまたま通りがかれば小銭をわたすし、もらうほうも当たり前といった感じで実に堂々としたものです。旅行者が妙な同情や哀れみをもってお金をあげたり、必要以上に強く突っぱねたりするのは相手への礼を欠いているようにぼくは思います。

いくうちに、ぼくは自分自身が何者であるのかがだんだんとわからなくなっていきました。混沌としたインドにあって、人間をとりまくあらゆる雑多な要素が溶けこんでいる街、カルカッタ。ぼくはこの地でいま生きているという冒険に足を踏み出してしまったのかもしれません。

世界を経験すること

ある日、鉄道のキップを買いに行くため、外国人専用の鉄道予約オフィスへ向かいました。西のネパール方面へ向かって、そろそろカルカッタを出ようと思ったのです。

「鉄道予約オフィスはどこですか？」通りすがりの人に道を尋ねました。

「あっちだよ」指さされたほうへ行ってみると、何もありません。ふたたび違う人に訊きます。

「うーん、あっちだな」。それはぼくがいま歩いてきた方向です……。

カルカッタでは終始こんな調子でものごとが進みました。インドの人たちはものごとを

尋ねられてわからないのは不親切だと考えているのかもしれません。ただキップを買うだけの作業が一日がかりの大仕事になってしまいます。

二十分で行ける場所に二時間かかってようやくたどり着きました。インドに来てから数日しか経ってないというのに、身も心もへとへとです。頭の中には早くもネパールの雄大な山々がちらつきはじめました。鉄道予約オフィスで、ぼくはほとんど発作的に次の日の寝台列車を予約してしまいました。席はもっとも安い二等寝台*です。

キップがとれると一仕事を終えたすっきりした気分で、街を歩き回りました。地下鉄に乗って寺院や教会を訪ねたりしているうちに一日が過ぎていき、多くの列車が乗り入れる起点、ハウラー駅へ向かう日がやってきました。

二等寝台

せまい座席に荷物のように詰め込まれ、居心地は悪いけれど、

とにかく値段は安いです。インドの一般的な家族旅行者なども多く、人間観察するのも面白いですが、逆に観察されることのほうが多いでしょう。治安がいいとは言えないので、荷物はチェーンなどで棚に結びつけておくのが無難です。

前頁：カルカッタの路上では何でもありなのか。

ガンジス川の支流フーグリー河がハウラー駅の手前を流れ、その二十メートルほど上に車や人が通れるハウラー橋がかかっています。ゆっくりと流れる土色の河を見ながら橋を歩いていると、上流から違和感のある奇妙な塊が流れてきました。

女の人……？　死体……？　それは水を含んでいるからなのかわかりませんが、お腹がパンパンに膨れ、硬直していました。まわりの人も注目しはじめて、口々に何か言っています。最初は立ち止まる人もいましたが、いつしかみんななにごともなかったかのように通り過ぎていきました。

もし日本で亡くなった人の体が川を流れていたら大騒ぎになっているでしょう。ぼくは呆然としながら、群衆の中にひとり取り残されてしまいました。たった十数年とはいえ、今まで蓄えてきた知識は音を立てて崩れ、「世界」を知らなかったことをそのとき知ったのです。同時に、自分が「世界」というものをいま経験しているのだと思いました。「生きる」ということはすなわち、世界を経験することなのではないでしょうか。

地獄におちてもらうぜ！

夕方になって列車は、二十分遅れで出発しました。目的地はカルカッタの北西、ネパール国境にほど近いパトナという町です。ボックスシートの向かいに座った家族連れと仲良くなり、チャパティなどをご馳走になりながら、翌朝五時五十分にパトナに無事到着……すればよかったのですが、ものごとはそんなにうまく進みません。

到着時刻を過ぎても列車は一向に止まりませんでした。ただ、インドの鉄道は遅れるのがあたりまえなので、そんなに気にもせず次に止まる駅がパトナだろうと考えていました。ぼーっと窓の外を眺めていたら、予定より一時間弱の遅れで列車が止まろうとしています。ほっとしながら、念のため、乗り合わせた乗客に「パトナ？　パトナ？」と確認したところ、みんな一様にうなずくのでぼくは安心して列車を降りたのです。

ホームに降り立つと、そこは予想していた駅の様子とは異なっていました。多くの人々がホーム上にぐでぐでと寝そべり、彼らの視線が一斉にぼくのところに集まります。パト

前頁：沐浴すればすべての罪は清められる。3000年以上の歴史をもつ聖地ガンジスは、人々の生活と一体化した宇宙だ。

ナといえば人口五十五万人の大都市です。それにしてはあまりにもそれらしくない小さな駅……。止まった列車を振り返ると、降りた乗客もほとんどいません。

あとからわかったのですが、そこはパトナではなく、その手前のパトナシビという駅でした。駅の近くには畑があって、そこで用を足している男以外、人の姿さえありません。三十分ほどホームで待つと違う列車がやってきましたが、ブレーキもかけずに素通りです。こんな駅にいたら目的地であるパトナにいつ着けるかわかりません。ぼくはたった一駅分だと思って、線路に沿って歩いていく決心をしました。

歩き出すと、はじめは実にのどかで気持ちのいい風景が続きます。こんな場所で線路の上をさまよう外国人がよほど怪しく見えるのか、遠くで畑仕事をしている人たちが吸い付くような視線でこちらを眺めてきます。線路上には牛の糞が点々と落ちていて、ぼくはそれをよけながら黙々と歩きました。

だいぶ歩いたところで、背後に人の気配を感じました。何気ない顔をして振り返ると、複数の男たちが数十メートル後ろをつけてきています。なんだか嫌な予感がして、早足で先を急ぐことにしました。すると、男たちも早足になります。

ぼくは意を決して立ち止まり、後ろを振り返ることにしました。その瞬間、六、七人の男たちがわっと走り寄ってきて、まわりを取り囲まれてしまいました。

「次の駅までただ歩いていきたいだけで、怪しい者じゃないんです」と必死に弁解しながら、どうにかその場を立ち去ろうとしましたが、彼らは目の前に立ちふさがり、道をゆずってくれません。ぼくの英語は通じていないらしく、彼らは口々に何か声を発しています。人相の悪い腰布一枚の男や眼光鋭いスキンヘッドの若者などが敵意むきだしで、怒っているようにも見えました。

「えー、ちょっと先を急ぎますので……」とふたたび歩こうとすると、今度は後ろからザックをつかまれました。今まで多くの物売りに囲まれてきましたが、彼らは決して無理強いをすることはありませんでした。前に立っていた男は突き立てた親指をのどにあて、横に動かします。「地獄におちてもらうぜ」ポーズ、とでもいうのでしょうか。もしかしたらこのまま連れ去られて、身ぐるみをはがされ、ガンジス川に浮かぶことになるかもしれ

次頁：ガンジス川では人も牛も等しく水浴びをする。ヒンドゥー教では牛は聖なる動物である。

ない。ぼくのTシャツは冷や汗でぐっしょり濡れていました。

そのとき、遠くから様子を見ていたおじいさんが何かを叫んだのです。すると、男たちはザックから手を放しました。もちろん、ぼくはここぞとばかりに逃げ出しました。走ると追いかけられそうだったので、平静を装って早歩きで立ち去りました。百メートルほど離れてから恐る恐る後ろを振り返ると、男たちはその場を動かず追ってくる様子はありません。それからぼくは無我夢中で線路を走り抜けました。

おじいさんは肩から丸い輪になったひもをかけていました。それはインドのカースト制の最上位に位置するバラモンの格好とよく似ています。真相は未だにわかりませんが、何はともあれぼくは一難を逃れ、徒歩でパトナにたどり着いたのです。

後悔の国境越え

パトナからネパール国境に向かうバスの乗り心地はひどいものでした。インド－ネパール間を行き来する長距離バスの恐ろしさは噂では聞いていましたが、乗ってみると本当に後悔の連続です。悪路を行く車内では、上下の揺れで尻が完全に浮き、頭は天井にぶつかるし、運転手の気性は荒く、谷伝いの細い道だろうがなんだろうが、たとえ対向車がいても、すごい勢いで前の車を追い抜いていきます。

車内はエアコン付きと聞いていましたが、エアコンどころか汚れたガラス窓が半開きになっていて、雨がそのまま入ってきます。シートは破れてスポンジが飛び出しており、しかもどういうわけか表面がぬるぬるしていました。おまけに前の座席のリクライニングが壊れていて、倒れたまま元にもどりません。

さらに一晩中大音量でかかっていたインド・ミュージックがぼくの身体を蝕み、まるで悪夢の中をさまよっているようでした。結局、一睡もできないまま早朝のカトマンズに到着しました。

ネパールでの充電

ネパールはなんと穏やかな土地なのでしょう。徹夜明けで寝ぼけていたせいもありますが、客引きの嵐をはじめとにかく喧噪の印象が強いインドに比べると、カトマンズはすこぶる優しい場所に思われました。バンコクからインド、ネパールへとせかせか足を運んできましたが、カトマンズではゆっくり羽をのばせそうな気がします。

ネパールにやってきた一番の理由は、ヒマラヤ山脈の高峰をこの目で見たかったからです。当時、登山の基本すら知りませんでしたが、いつかヒマラヤに登ってみよう、という思いはこのときに芽生えたのです。

人間は美しい山を見てそばに行きたいと思い、そそりたつ壁を見て登ってみたいと考えます。山と自分との距離をまず縮めたいと願うのです。しかし、遠くにある山が、そこにたどり着くまでに形も色も変えてしまうことを、ぼくはのちの高所登山でいやというほど知らされることになります。

カトマンズからさらにヒマラヤへ近づくため、西のポカラという村に向かいました。いまではだいぶ観光地化されてしまったポカラですが、当時はまだ山村の風情が残っていて、天気がいい日には間近にヒマラヤを望むことができます。近くを流れるトリスリ川という

次頁：ゴムボートで川下りをしたネパールのトリスリ川。この川には橋がなく、村人はロープ一本で対岸へ渡っていく。

濁流でラフティングを経験したり、村の郊外にある山でトレッキングなどをしながら、ポカラではのんびりした日々を過ごしました。体調を整え、インドを歩くための英気を徐々に回復させていったのです。

混沌の地・インドふたたび

ふたたびあの混沌とした大地にもどってきました。旅に慣れてきて、インド人の視線も気にならなくなり、同時に自分の身なりもみすぼらしくなっていきます。度胸がついてきて、リキシャや物売りとの交渉も苦になりません。インドに再入国したぼくは、バラナシ（現、バナーラス）の河岸で火葬を目の当たりにし、アーグラーでタージマハール宮殿を見上げ、デリーでは旧市街をさまよいました。

それぞれの街で最安値の宿に行き着くと、そこには必ず日本からのバックパッカーが泊まっています。高校生の旅行者はめずらしかったので、出会う人みんなが気にかけてくれて、日本では触れることのなかった旅人の世界を知りました。

42－43頁：カルカッタの安宿。大部屋のドミトリーはバックパッカーのたまり場だ。／44－45頁：日の出と共に働きはじめる子どもたち。朝、ブッダガヤへ向かうバスの車窓から。／46－47頁：ブッダガヤは仏陀が悟りをひらいた場所として知られている。町の周辺は都市の喧噪とは無縁だ。

ギターを片手にアジアを旅する大学生は、夜になると一人ガンジス川をのぞむ宿の屋上で、なぜか長渕剛の曲を歌いはじめます。失恋をして日本を飛び出した青年は遠くポルトガルを目指すそうです。ぼくと同じようにネパールからくだってきた夫婦は、数年前に旅先で知り合ってそれ以来何度も二人で旅に出ていると言いました。アフリカや南米をはじめ世界各国を旅し、日本を出てから三年が経つという強者がいれば、肝炎にかかって一週間ほど寝たきりの自転車乗りもいました。

共同キッチンを使ってみんなで夕食を作り、ドミトリーの薄汚れたベッドに寝転がりながら、旅の情報を交換しあいました。どこからきてどこへ行くのか、どのくらい旅をしているのか……、安宿のドミトリーに泊まるのは男も女も一人旅が多いので、みんな話をはじめると止まりません。一方、旅慣れた人のなかには、ガイドブックに紹介されて人が集まるようになった、いわゆる「日本人宿」を避けて、孤独に歩き続ける人もいます。本当にさまざまな旅行者がいますが、自分の意志で旅を続けるすべての人にあてはまるのは、世界を経験する方法としての旅を、ほかのたくさんの選択肢の中から積極的に選び取った

पान पराग
पराग
धूम मचा दे...
रंग जमा दे!
Duckback
Dettol
TRADING CORPORATION

be shot on Fujifilm.
FUJIFILM
BCA
MAYUR
Suitings
JALAN
2002

ということです。

インドという場所は、ヨーロッパやアメリカなどと違って、街を歩いているだけで生と死について自然と意識的になってしまう不思議な土地です。ぼくはそのような場所に十代の半ばで出会ってしまったがゆえに、生の意識が希薄な日本社会にほんの少しの違和感を抱いて、ことさら世界に目が向くようになっていったのです。

もちろんいまここにある小さな世界から、その先にある大きな世界を経験することができる人は確かにいて、ぼくはそのことをインド旅行から十年以上経って知りました。しかし、そういったことも、旅に出たからこそ考えられたので、やはりぼくにとって旅は必要だったのでしょう。「旅に出よ」と言うつもりはありません。しかし、世界を経験する方法として、旅という手段が非常に有効であるということを、ぼくは自信を持ってみなさんに言うことができます。

8－50頁：バラナシは日本人旅行者が集まる「これぞインド！」的な町。ヒンドゥー教徒にとって最も重要な巡礼地で、ガンジス川沿いには沐浴をおこなうガートや火葬場がある。ほかの町に比べると治安は決していいほうではない。／1頁：鳩を飼うのはバラナシの流行なのか。夕暮れ時になるとあちこちの屋上から鳩が放たれ、男たちが見事に操っている。／52－53頁：ガンジス川を挟んだバラナシの対岸は不浄の地とされている。そこは砂地が続く死者の世界。

アラスカの山と川

――冒険に出かけよう

ボーフォート海
BEAUFORT SEA
マッケンジー川
Mackenzie River
カナダ
CANADA
ドーソン
Dawson
ホワイトホース
Whitehorse
アラスカ湾
GULF OF ALASKA
中華人民共和国
CHINA
ロシア連邦
RUSSIA
日本
JAPAN
日本海
Sea of Japan
大韓民国
REPUBLIC OF KOREA
東京
高知
鹿児島
屋久島
沖縄
鹿児島県
桜島
高隈山地
薩摩半島
鹿児島湾
(錦江湾)
大隅半島
開聞岳
竹島
馬毛島
大隅海峡
永良部島
大隅諸島
宮之浦岳
屋久島
種子島

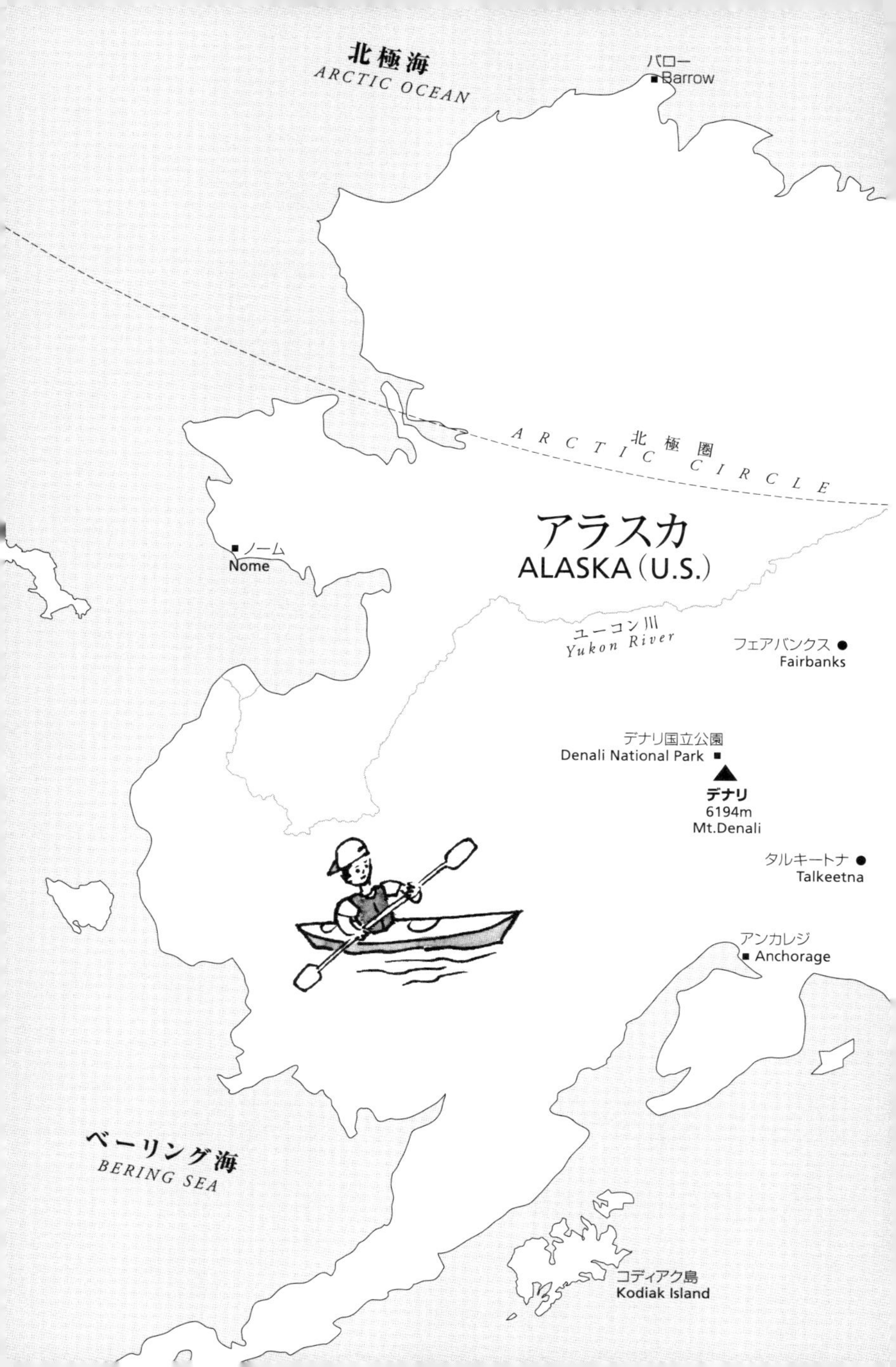

北極海
ARCTIC OCEAN
バロー
Barrow
北極圏
ARCTIC CIRCLE
アラスカ
ALASKA（U.S.）
ノーム
Nome
ユーコン川
Yukon River
フェアバンクス
Fairbanks
デナリ国立公園
Denali National Park
デナリ
6194m
Mt.Denali
タルキートナ
Talkeetna
アンカレジ
Anchorage
ベーリング海
BERING SEA
コディアク島
Kodiak Island

テント生活と居候の心得

高校三年になると、もうすぐ社会に投げ出されるという不安もあって、まわりも自分もいよいよそわそわし始めました。インドへの旅以降、どうしても学校の授業に情熱を注げない自分がいて、ほかの同級生がそうするからといって流されるままに進学したり、就職したりしていいのだろうか、という単純な疑問がいつまでもまとわりついて離れませんでした。

そのような曖昧な態度のまま、受験シーズンを迎えれば、結果は目に見えています。案の定、ぼくはどこの大学にも入ることができませんでした。とりあえずの道でも進む気になれたり、この時期にすでに自分の方向性を決めることができている人はいいですが、それ以外の人はどうすればいいというのでしょう。

すべての受験結果がわかると、ぼくは鹿児島に住むひとりのカヌー乗りに電話をかけました。日本中の川を下って、エッセイやルポを書いている野田知佑さんという方です。中学生のころに芽生えた旅への憧れは、彼の本を読むことによってどんどん強くなっていきました。学校や社会に対する反発や怒りを代弁してくれる大人などぼくのまわりには皆無で、親や教師以外の大人とつきあうこともなかった自分にとって、旅に生きる野田さんのような自由な存在にひどく救われた気がしたのです。この人が言うことは信用できる、と根拠もなく思っていました。

カヌーをはじめて川下りなどをしているうちに、野田さんとも偶然知り合う機会に恵まれました。以降、ときどき将来の相談などをもちかけていて、このときも受験に失敗したことを打ち明けたのです。すると、彼は「鹿児島に来るか」と言ってくれました。

野田さんは、桜島が見える砂浜の目の前に住んでいました。高校を卒業した直後、晴れて無職となったぼくは、野田さんを訪ねるべく、いつものように「青春18きっぷ」を使って各駅停車の列車を乗り継ぎながら数日がかりで九州へと向かったのです。ひさびさの一人旅が嬉しくてしかたなく、ぼくは約束した日にちよりも一週間も早く鹿児島に着き、誰もいない春の砂浜にひっそりとテントを張りました。

テント生活をはじめて数日後、近くに住んでいたおじさんに声をかけられました。「おまえ、そんなところに寝泊りしてるなら、うちに来い」。その人は、野田さんの家の隣に住んでいたのです。

おじさんの家に行くと、夜になって野田さんがやってきて「ずいぶん来るのが早いじゃないか」と笑われました。その日からぼくは一緒にカヌーを漕がせてもらうことになります。

おじさんの家にそのまま泊まらせてもらい、毎晩のように焼酎のほうじ茶割を飲みながら、ふらりとやってくる野田さんといろいろな話をしました。教わったことはたくさんありますが、なかでも居候の心得についてはよく覚えています。

人の家に居候させてもらう場合、いくつかのことを肝に銘じなくてはいけません。食事をごちそうしてもらうときには、自分が一番早く食べ終わって席を立ち、無言で皿洗いをすること。残り物は有無を言わずすべてたいらげること。なるべく米は自前のものを用意して、おかずだけをもらう気配りをすること。郷に入っては郷に従え、という旅の信念はこのあたりから芽生えはじめ、以降、自分が世界と向き合う際の姿勢へとつながっていくことになります。

肝心のカヌーに関しては、ぼくが何かを尋ねると「自分で考えろ」と逆に叱られ、テクニックらしきことは、何ひとつ教えてもらえません。しかし、来る日も来る日もカヌーを借りて、桜島を正面に見ながら波間を漕いでいるうちに、だんだんと海上を歩く感覚を覚え、手足の延長のようにパドルを使いこなせるようになっていきました。日暮れまで波に揺られていると、このまま東京に帰らず、もっと遠くへ旅に出てしまおうか、などという思いもわき上がります。

鹿児島での生活はあまりに幸せだったので、決心を固めないと動けなくなってしまいそうでした。最後に穏やかな海で思う存分カヌーを漕ぎまくり、さらに南へ向かうことを決めました。野田さんに何度もお礼を言い、港から船に乗って、憧れだった屋久島へ渡ることにしたのです。

屋久島では、九州で一番高い宮之浦岳に登り、縄文杉を見上げ、タンカンを*頬張りながら毎日を過ごしました。時間はいくらでもあり、あてもなく旅を続けることに何の疑問も抱かなかったあのころをいまでは懐かしく思います。

やがてお金が尽きて、ぼくは東京にもどりました。インドに行く前のように、日雇いの引っ越し手伝いのアルバイトを再開し、夏には一カ月間、ベトナムやカンボジアなどを旅しました。結局、受験勉強らしきものをはじめたのは、浪人一年目の秋になってからです。

翌年、大学にはなんとか入りましたが、ぼくの生活はほとんど変わりませんでした。アルバイトをして、旅に出ることの繰り返しです。大学一年の夏、夢だった極北のユーコン川を下る計画をたて、ひさびさに野田さんにアドバイスを仰ぐと、「寝袋は二重にしていけよ」と言われました。お金がなくて安物の寝袋しか持っていないと思われていたのかもしれません。ぼくはその言葉を胸に、ユーコン川を下る準備をはじめます。

タンカン

みかんのおよそ二倍のビタミンCを含んでいて、味はオレンジに似ていますが皮がむきやすく、そしてとにかく甘いです。屋久島といったら、原生林や縄文杉よりもタンカンの味が真っ先に思い浮かんでしまうのは変でしょうか。ふらふら歩いていると出くわす無人の野菜売り場でちょっと傷んだタンカンを袋ごと買いこみ、ほとんど毎日むさぼり食べていました。山登りのおともにもちょうどよかったし、結構、腹にたまるんだよなあ。

カナディアンカヌーとカヤック

カヌーとは小舟の総称で、大別するとカナディアンカヌーとカヤックの二つに分けること　ことができます。

カナディアンカヌーはオープンデッキのカヌーで、主にシングル・パドルを使います。荷物の積載能力に優れ、ツーリングにも適しています。

カナディアンカヌー

カヤックはグリーンランドで生まれたカヌーです。狩猟などに適するよう、小回りが利き、漕ぎ手はダブル・パドルを使用します。

カヤック

大河・ユーコン川へ

一九九七年夏、カナダのバンクーバーからグレイハウンドバスを乗り継いで、アラスカとの国境に近いホワイトホースという小さな町を目指しました。ユーコン川は全長三千キロ、カナダとアラスカの原野を滔々と流れる大河で、そこにははるか昔から今にいたる地球の記憶が刻まれています。ぼくが向かったホワイトホースという町は、ユーコン川の最上流部に位置し、北極海に注ぐ大河の源を見守ってきた静かな土地でした。

三十キロほどもある折りたたみ式のカヌーを背中にかつぎ、さらにキャンプ用具を目一杯詰め込んだバックパックを前に抱えこみながら、這々の体でホワイトホースにたどり着きました。こんなにも重い装備を、しかもダブルザックで運んだのは後にも先にもありません。

ホワイトホースの町はずれにキャンプ場があり、ユーコン川がすぐそばを流れていました。キャンプ場で生活しながら、数週間分の食料を調達し、カヌーを組み立て、キャンプ用具を積み込んでいきます。カヌーを川に浮かべると、装備類の重さで船体は喫水線ぎり

前頁：ユーコン川の岸辺。誰もいない川面で一人カヤックをこいでいると、ひりひりするような嬉しさがこみあげてくる。

ぎりのところまで沈んでしまいました。さらに自分が乗り込むと、半分沈没しているかのようです。

「こんな状態で本当に川を下れるんだろうか」。

ガイドブックも道しるべもない大河へたった一人で身を乗り出していく不安は急に現実のものとなり、どんどん恐ろしくなっていきます。沈没しても、熊に出会っても誰も助けてくれる人はいないのです。

後には引けないというなかばやぶれかぶれの気持ちで、パドルを河岸に押しつけると、カヌーは音もなく川面を滑りはじめました。水面からわずか数十センチほどの視線は、陸上では決して得られないカヌー乗りの特権です。岸で感じていた以上に流れは早く、パドルを漕がずとも左右の風景がみるみるうちに後ろに流れていきました。前方には蛇行した川の流れが続き、その先には何が待ち受けているのでしょう。

やがて点在していた人家が見えなくなり、水草のあいだを漕ぎ進んでいくと、急に川幅が広くなりました。湖に入ったのです。湖を横断するとふたたび川にもどりますが、この大きな湖の横断が最初の難関でした。流れがないのでとにかく漕ぎ続けなくてはいけない上に、日常的に風が吹いているので、カヌーを翻弄する白い三角波が湖面に立つのです。

湖の入り口に廃屋となった小屋らしきものが見えました。湖岸はどこもぎりぎりまで森になっていて、くつろげそうなキャンプ地はありません。ならば、一日目は無理せずこの廃屋のそばにテントを張って一夜を過ごしたほうがよさそうです。ぼくは上陸して、早速食事の準備をはじめました。

まわりから木を拾ってきて焚き火をし、まずはお湯を沸かします。鍋にインスタントラーメン二つと卵と刻んだニンジンを入れて、最後に日本から持ってきた餅を数個入れてグツグツと煮こみました。これが今晩の夕食です。町に近いのでまだ熊は出てこないでしょうが、念のため食料はテントに入れず、木に吊しておきました。食料の臭いにつられてやってきた熊が人間のキャンプを襲うことがあるので、食料の扱いには十分注意を払わなくてはいけません。

次頁：ムースがカヤックに乗っているぼくをじっと見つめていた。ユーコンは人間よりも動物のほうがはるかに多い。

沈

カヌー用語で、沈没することを「沈する」といいます。中学生の頃、茨城の那珂川でおこなわれたカヌー教室に参加して、ぼくは初の沈体験（沈の初体験？）を済ませました。その後、川のみならず、海や湖などいろいろなところで沈を繰り返しましたが、それはそれでなかなか気持ちがいいものです。泳げる泳げないにかかわらず、ライフジャケットをきちんと着用していれば、まずおぼれることはありません。沈した後に、カヌーから脱出することを「沈脱」といいますが、川底や岩に頭をぶつけないように注意して、冷静に浮かび上がりましょう。

日本などの小さい川で沈しても、岸にあがりやすく、荷物なども比較的回収しやすいのですが、ユーコン川の真ん中で沈してしまうと、水温が低いために岸に泳ぎ着くまでに低体温症になってしまい、生命にかかわることもあります。

カヤックにはエスキモーロール（次頁）というテクニックがあり、ひっくり返っても脱出せずにパドルさばきによってそのまままくるりと起きあがる方法もあります。カヤックの本場、北極圏のグリーンランドでは、沈がそのまま死につながるので、イヌイットたちがこのような知恵を開発し、今日まで受け継いできました。

グリーンランドでぼくが実際にみせてもらったエスキモーロールはパドルを使わず、三十センチほどの板きれを使って起きあがったり、板さえなしで腕の動きだけで起きあがるものもありました。彼らが使うカヤックが造形的に美しいのはもちろん、乗っている人間の海での身のこなしも素晴らしいものです。グリーンランドを再訪して、イヌイットに知恵を学ぶのは、ぼくの夢の一つです。

エスキモーロール

見るのと実際にするのとは大違い！　最初はプールなどで練習する人も多いです。

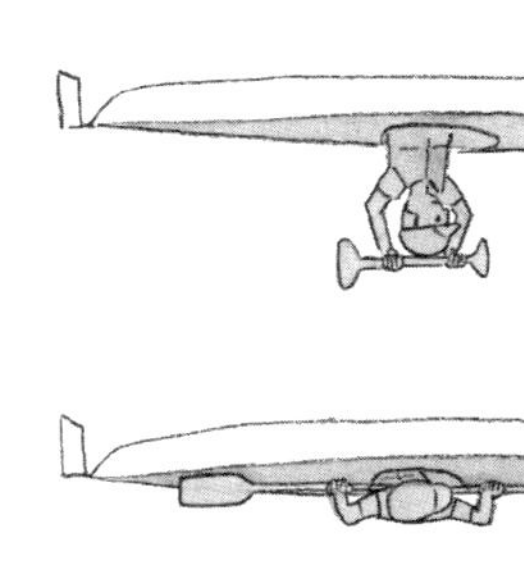

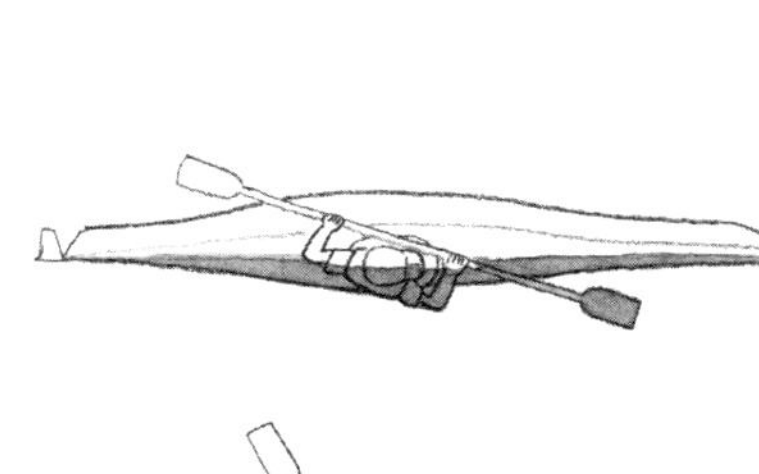

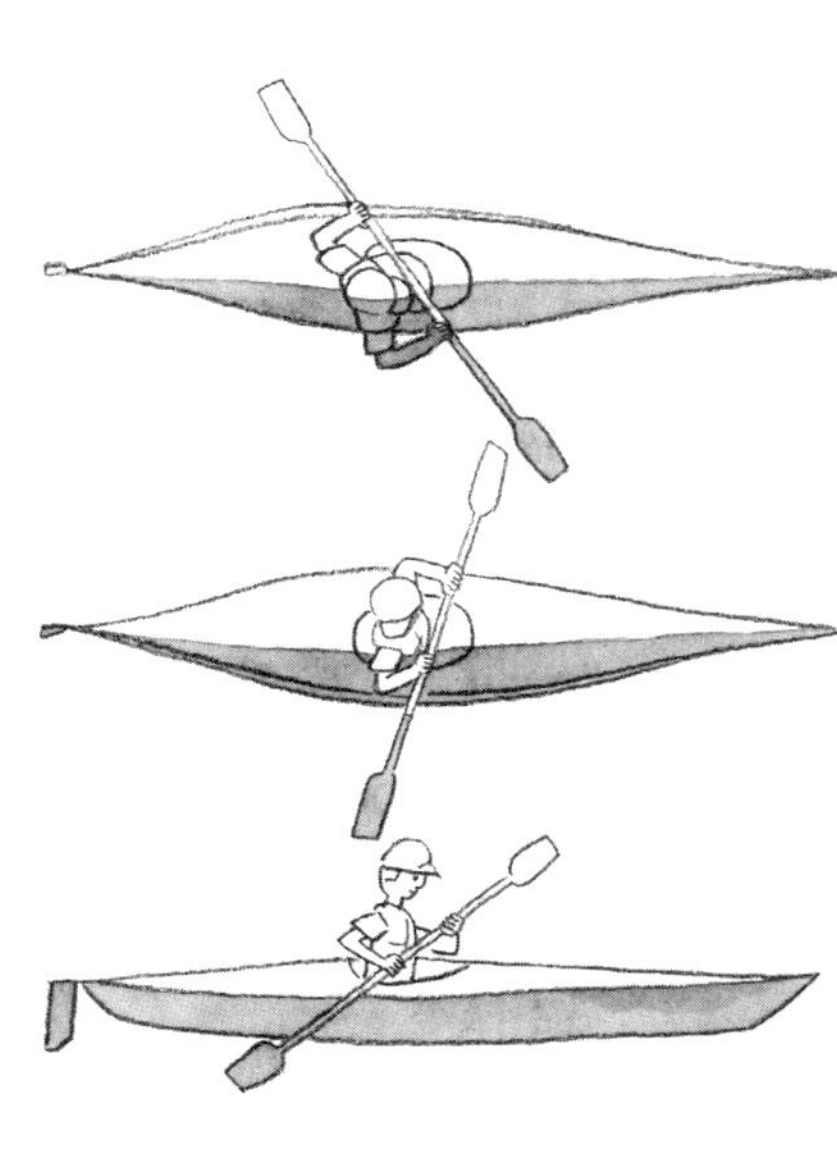

大人への通過儀礼

夜の帳がおりて、あたりは闇に包まれます。焚き火の炎が揺れるのを見ながら、ユーコンでの最初の一夜を迎えます。パチパチという焚き火の音を聞いていると、頭のなかで何かがふっきれるのを感じました。川での生活は、すべて自分にゆだねられています。怖い。けれど、この怖さこそ自分が欲していた自由なのでしょう。二十歳そこそこの若者が考える自由なんてたかが知れていますが、このときは本当にすべてから解放された気分でした。

ユーコンでの生活は素晴らしいものでした。朝、流れる川を見ながら用を足し、テントをたたんで、漕ぎ出します。一日が過ぎていくたびに食料が減り、カヌーは軽くなっていきました。食料の分配を間違えてひもじい思いをし、夜のざわめきと熊の足跡に怯え、早い瀬にさしかかるたびに瞬きを忘れるほど緊張しました。が、原始の風景とほとんど変わらない無人の荒野の中に自分がたった今存在しているということが心の底から嬉しいのです。インドは人間のるつぼでしたが、ここには人の気配が一切ありません。あるのは川と森と空だけで、頼れるのは身体と五感のみです。濃密な自然に身を浸しながら、絶えずその自然に畏怖の念を抱き、自分のなかに眠る動物としての野性が呼び起こされるのを感じます。

およそ一カ月間かけてカヌーを漕ぎ、ドーソンという町に着いたとき、ぼくの二十歳の夏が終わりました。インディアンは大人になるための通過儀礼として「ビジョンクエスト」という一人旅をおこないますが、ユーコン川での体験はそれには遠く及ばないささやかなものとはいえ、自分がさらなる一歩を踏み出すために不可欠な冒険でした。自然のなかに一人で身を置いて、川や森、植物や動物たちの声に注意深く耳を澄まし、大地の温度を肌で感じながら自分の生について意識的になること。それは都会で生活していては決して得られないものです。

アラスカンジャイアント

ユーコン川の旅から帰ると、アラスカやカナダといった北米の原野にとてつもなく惹かれる自分がいました。神話の時代を生きていた人々の末裔が今も暮らし、人間も動物も同じ視線に立って悠々と生活している。かの地への再訪を強く願っているとこんな話が舞い

こんできました。アラスカにそびえるデナリ登山に誘われたのです。デナリとは地元先住民の言葉で「太陽の家」を意味し、以前はマッキンリー山と呼ばれていました。標高は六一九四メートル、うねるような風が吹きすさぶ北米大陸の最高峰で、敬愛する冒険家、植村直己さんが消息を絶った山でもあります。

　そのデナリの山頂付近に気象観測機器を設置する登山隊が結成されるので、荷運びの一員として参加しないか、と声をかけられたのです。ぼくにとっては願ってもない話でした。しかし、高所登山の経験は皆無で、雪山さえも数回しか行ったことがありません。そんな自分でも標高六千メートルを越えるデナリに登れるのでしょうか。

　不安よりもデナリへ登りたいという気持ちのほうがはるかに勝っていました。その日から、冬の富士山でトレーニング*を開始し、数カ月後の一九九八年晩春、ぼくはふたたびアラスカへと出発しました。

74－75頁：冬のアラスカは零下40度にもなる。人間を寄せ付けない厳しい自然にたまらなく惹かれるのはなぜだろう。／76－77頁：犬ぞりマッシャー（操縦者）のお宅の前にたくさんの犬小屋があった。食事時になるとフェアバンクスの空に犬の声が響き渡る。／78－79頁：冬のタルキートナでオーロラを見た。光はみるみるうちに形を変え、いつまで眺めていても飽きることはない。

冬の富士山トレーニング

日本から海外の高峰へ向かう人たちのなかには、冬の富士山に登ってトレーニングをする人も多いようです。標高が四千メートル近くあるので、冬の高峰の気象条件を十分に経験することができ、しかも遠征に向けて身体を高所に慣らしていく訓練にもなります。特に真冬は猛烈な風が吹き、小屋は深い雪に埋もれ、夏とは比べものにならないほど厳しい環境になるので、トレーニングを積むのに適しています。元旦の初日の出を頂上で迎えられるのは、雪山経験者だけなのでくれぐれも注意しましょう。あの夏の富士山を思い浮かべていると痛い目にあいます。

ぼくは大学生のときに冬の富士山で、はじめて雪面の歩行訓練をし、滑落停止やアイゼンワークなどを教えてもらいました。それ以来、富士山には二十回以上登っていて、今でも毎年訪れる大切な山となりました。

はじめての高所登山

セスナでデナリの麓に降り立つと、そこは雪に覆われた白一色の世界でした。最初はやや平坦なルートを進むために、スキーとソリを使って歩いていきます。もちろんトレーニングは積んでいたものの、実際に大きな荷物を載せたソリを引いてみると、ロープが足に絡まったり、うまく前に進まなかったりで、想像以上に体力を消耗してしまいました。
アラスカは春から夏にかけては白夜になっており、一日中太陽が沈むことがありません。夜になってもテントは太陽に照らされて明るく、アイマスクを着けて眠ります。斜面を前にしてスキーとそりを外し、今度は大きなザックを背負って、来る日も来る日も歩き続けました。

登りはじめて一週間近くが過ぎ、最終のアタックキャンプまでもう少しのところまでやってきました。岩と雪の斜面を慎重に進んでいきます。左側は谷底まで鋭く切れ込んでいて、足を踏み外したらまず助からないでしょう。標高五千メートル付近の岩場は、烈風によって雪が吹き飛ばされて、黒い花崗岩が剥き出しになっています。しぶとい雪がところどころにこびりつき、全行程の中でも歩くのにもっとも気を使う場所でした。

斜めに傾けたナイフの上を歩くように、慎重に一歩一歩足を引っ張りあげていきます。この高さまで来ると、高山病（一五九頁参照）の影響で身体が思うように動かず、ぼくは何度もよろめいていました。

（こんな場所に自分なんかが来るべきではなかったのかもしれない……）。
容赦なく風にたたきつけられた顔は、凍傷とも雪焼けともわからないような黒褐色となり、寒さや痛さの感覚もなくなっていきました。はっきりしない意識の中で、一歩足を踏み出すごとに力が弱まっていくのだけはわかります。

目前に突き出した大岩をなんとか乗り越え、ふと上を見上げると三羽のカラスがくすんだ鉛色の空を舞っていました。標高五千メートルを越えたこの場所からさらに高い上空を、三羽の黒い塊が大きな羽を広げて旋回しているのです。

「あれはワタリガラスだろうか」。ぼくは本で読んだある神話を思い出しました。ワタリガラスは世界の創造主であり、木や動物や魚たちをはじめとするあらゆる生物にたましいを吹き込んだすべての根源です。あの遠い日に世界が作られたとき、今と同じようにワタリガラスが悠然と空を舞っていたのでしょうか。

やがて三羽のワタリガラスは風に巻かれるようにして視界から消えていきました。その瞬間、ぼくは「ああ」と声にならない声をあげ、ほとんど肉の塊だった両足にほんの少し

だけ力がもどるのを感じました。なんだか自分の存在が不思議に思えてきて、身体は限界なのに、今ここにいることに喜びを感じるのです。

その二日後、ぼくは六一九四メートルの頂に立つことになりました。高山病にかかって

Did you make it?

デナリに登頂後、アンカレジまでもどり、町をふらついているとあちこちで声をかけられました。「Did you make it !?」(もしかして、おまえ登っちゃったのか!?)

ぼくの顔はサングラスをかけていた目のまわり以外は真っ黒で、パンダのような日焼けをしていました。髪はぼさぼさで、着ている服は山で使った汚いフリースです。

「Yes, I made it !」(成功したぜ!)。

ぼくは誇らしげにそう言うと、みんな「おめでとう!」と言いながら、満面の笑みをたたえて、ある人はハグを、ある人は力強く握手をしてくれました。あのときほど嬉しい瞬間はありません。デナリはアラスカに住む人にとって心のシンボルです。人々のデナリへの思いや敬意が伝わってきたし、登山の苦労やあの山で得た素晴らしい経験について、ぼくが一言も言わなくても町の人はすべてをわかってくれている気がしました。デナリに登って以来、ぼくはアラスカとそこに住む人が本当に好きになりました。今でもデナリは自分のなかのアラスカそのものです。

前頁：デナリの頂上に立ち、後ろを振り返ると登ってきた稜線が見えた。／次頁：北米大陸最高峰デナリ（標高6194メートル）の頂上。高山病で顔がむくんでいる。

顔はむくんでいましたが、どうにか頂上にたどり着き、その後に続く七大陸の山々への道が目の前にひらかれることになったのです。

北極から南極へ

——自分の目で見て、身体で感じること

ロシア連邦
モスクワ
フランス
エルブルース
Elbrus
5633m
黒海
カスピ海
スペイン
地中海
イラン
アルジェリア
リビア
エジプト
サハラ砂漠
ナイル川
サウジアラビア
スーダン
ラスダシャン
4620M
Ras Dashen
アディスアベバ
エチオピア
ウガンダ
ケニア
ナイロビ
キリマンジャロ
Kilimanjaro
5895m
タンザニア
大西洋
マダガスカル
インド洋
南アフリカ

北磁極
2000.4.5
グリーンランド
（デンマーク）
レゾリュート
北極海
フォート・
マクファーソン
アラスカ（米）
ドーソン
ホワイトホース
カナダ
アラスカ湾
バンクーバー
アメリカ合衆国
ロサンゼルス
ニューヨーク
大西洋
メキシコ
メキシコ湾
グアテマラ
ホンジュラス
エルサルバトル
カリブ海
ニカラグア
コスタリカ
パナマ
コロンビア
エクアドル
ペルー
ブラジル
ボリビア
アルゼンチン
チリ
太平洋
プンタアレナス
ビンソンマシフ
Vinson Massif
4897m
パトリオットヒルズ
南極点へ
2000.12.31

アフリカの旅

アラスカのデナリに登頂した後、ぼくの旅のフィールドはぐっと広がりました。都市や大河ばかりでなく、海外の高峰という未知の領域に足を踏み入れる勇気を、あの山からもらったのです。

アラスカを旅した翌年の一九九九年、まだ体験したことがないアフリカ大陸へと向かうことにしました。バックパッカーにとって、アフリカは治安の悪さや日本との文化の違いなどからアジアを旅するよりもハードルが高く、ユーラシアを横断した後に行き着く最後の大陸という印象があります。ただ、物価が安いので、旅慣れた貧乏旅行者にしてみれば手の届かない場所ではありません。

アフリカ行きの格安航空券を探したところ、当時はロシアのモスクワ経由の便がもっとも安価でした。せっかくモスクワを経由するなら、乗り継ぎだけで通り過ぎてしまうのはもったいないと思い、一週間ほどロシアに滞在し、その後にアフリカへ向かうことにしました。

デナリで高所登山の基礎を身につけていたので、この旅は行く先々の山を手当たり次第登ろうと考えていました。調べていくとロシア南部にヨーロッパの最高峰であるエルブルースという山があることがわかりました。標高は五四六二メートルとデナリよりも低く、高度なテクニックも必要ないために単独で登れそうです。アフリカで登山をするための予行練習にもなりそうだったので、ぼくはまずエルブルースへ向かうことに決めました。

ロシアでは英語が通じず、山へ向かうまでの移動に苦労しましたが、天候にも恵まれてエルブルースには難なく登頂できました。日焼け止めを塗り忘れて痛い目にあいましたが、そんなことは、頂上から見たコーカサスの美しい大地を思い出せば吹き飛んでしまいます。

その後、モスクワからケニアのナイロビへ飛びました。念願のアフリカ大陸上陸です。ナイロビは治安が悪くて有名だったので、町を出歩くだけでも緊張しました。ザックは切られないように当然前に抱え、夜は宿でおとなしくしながら旅人の話に耳を傾けます。ナイロビにも旅行者が集まる安宿があり、そこにはぼろぼろのノートが置いてあって、ガイドブックよりはるかに詳しいアフリカ全土の旅情報が旅行者によってびっしり記されています。ぼくはここで最新の現地情報を仕入れ、まずはアフリカ最高峰のキリマンジャロを目指しました。エルブルースで高所順応ができていたので、通常は一週間かけて登るキリマンジャロに、ほとんどの行程をなかば早歩きしながら一泊二日で登頂することができました。今ではこんな無茶はできませんが、当時は気持ちさえあれば力が無尽蔵に湧きでてきたのです。

地球温暖化の影響か、頂上付近の万年雪は溶け、土や岩がむき出しになっていました。ヘミングウェイは『キリマンジャロの雪』のなかで頂上にあったヒョウの屍について書いていますが、アフリカ大陸最高地点である現在のウフルピーク（五八九五メートル）にそんなものはなく、ピークを示す板切れが落ちているだけでした。

その後は、野性のライオンやゾウが往来するサバンナで本物のサファリを体験し、町から町へ移動を繰り返しながらケニア、タンザニアを旅して、さらにエチオピアやウガンダまで足を延ばしました。

エチオピアはいい思い出ばかりで、今でも再訪したい国の一つです。この国はアフリカでも有数の美人の宝庫と言われていますが、その噂に間違いはありません。コーヒーの発祥地で、彼女たちが豆から煎ってくれたコーヒーも絶品です。

首都アジスアベバに何日か滞在し、エチオピア最高峰のラスダシャンという山に登ろうと北へ向かいました。山賊が出るのでガイドや警備の人を雇わなくてはいけないと言われ、ちょっとした大所帯で山に入ることになります。小さな村をいくつも通り、テントで寝るのが危険な場所では民家の馬小屋で寝させてもらいました。次の日、藁の上でむっくり起きあがると、ダニかノミにやられて、身体中に真っ赤な斑点ができていたこともありました。

見たことのない巨大な植物や猿の大群に出くわしながら、緑の野山を一週間ほど歩き続け、ようやくラスダシャンの近くまできたと思ったら濁流が行く手を阻んでいます。その川は、ふだんは膝下くらいの流量しかないらしいのですが、ぼくが訪ねたときは増水していて馬に乗っても渡れません。川沿いを歩き回って渡れそうなところをずいぶん探したのですが、結局その川を越えられずにラスダシャン登頂をあきらめ、近くのブワヒットとい

96－99頁：ケニアやタンザニアの国立公園で野生動物を間近で見た。今でもときどきあの動物たちの息づかいを思い出す。

う山に登りました。ラスダシャンにはいつか必ず再挑戦したいと思っています。

POLE TO POLEとの出会い

二カ月のロシア、アフリカ旅行から帰国して、次の旅先を考えていたある日、「POLE TO POLE」という地球縦断の旅に参加してみないか、と知人から声をかけられました。「POLE TO POLE」というのは、North PoleからSouth Poleまで、つまり北極点から南極点までを一年かけて旅するという国際プロジェクトの名前です。チームメンバーは八人、世界七カ国から選ばれた同世代の若者ばかりでした。

日本でも参加者を決める選考委員会が作られ、紆余曲折の末、自分が日本の代表に選ばれました。ほかにもアメリカ、カナダ、アルゼンチン、南アフリカ、フランス、韓国などから、十九歳から二十六歳の男女が集まって、地球縦断の長い旅をはじめることになったのです。

いきなり北極から旅をはじめる前に、まずはカナダで一カ月間のトレーニングをしまし

100頁：エチオピアはコーヒー発祥の地。道中、立ち寄った村々で飲ませてもらったコーヒーの味は忘れられない。／101頁：エチオピアの山中には宿がないので、馬小屋に泊まらせてもらった。南京虫の巣窟であることを知ったのは翌日の朝。／102－103頁：エチオピアの最高峰ラスダシャンへ向かう道のりは長かった。電気などはないので子どもたちが山で薪を集めている。

た。なかでも一番重要だったのが、ソリを引きながら、クロスカントリースキー*を使って氷上を歩く練習です。デナリ登山の際に短期間の移動は体験済みでしたが、北極では一カ月ものあいだ、食料やテントなどの装備を持ってスキーで歩き続けなくてはなりません。

クロスカントリースキー

かかとが固定されていない、雪上を歩くためのスキーです。アルペンのスキー板よりも細く軽くできていて、靴を履いていたら膝まで埋もれてしまう雪の上も、これさえあれば自在に歩くことができます。クレバスへの落下防止としても有効でしょう。ただ、エッジがないために堅い雪面を滑り降りるのには適していません。

北極や南極などではスキー板の底に「シール」と呼ばれる起毛した滑り止めを装着します。動物の皮でできたものや、化学繊維のものなどがありますが、いずれも毛並みが後ろ向きになるように貼り付け、これによって登りも難なくこなせるようになります。極地のつるつるした氷上でもふんばりが効いて、重いソリをひくときには便利です。

ぼくたちは比較的傾斜の少ない場所を歩いたためにクロスカントリースキーを使用しましたが、山で滑走を楽しむ人は、よりエッジが効いて、しかも登山靴に近いブーツを装着できる「山スキー」を使います。誰もいない新雪の山に入っていって、斜面を独り占めにする感動は一度味わったら病みつきになるでしょう。

104－105頁：ラスダシャンへ向かう道中、いくつもの集落を通過した。新しい家の完成はいつになるだろう。

南アフリカやアメリカ南部からやってきた仲間は雪を見るのすらはじめてで、当然スキーの経験は一切ありません。

ぼくたちは毎日何度も転びながら練習を重ね、同時にサバイバル技術からヨガまで長旅で役立ちそうなあらゆることを教えてもらいました。肉体的なトレーニングばかりではなく、環境問題に関する討論やメディア対応などといった授業もありました。なかでも一番戸惑ったのは〝好き嫌いセッション〟と呼ばれる仲間同士のコミュニケーションの時間です。

八人のメンバーはおよそ一年ものあいだ寝食をともにしていくわけですが、そのなかで少しでもわだかまりがあると大きな亀裂に発展してしまうかもしれません。無用なケンカを避けるために、ふだんは遠慮して言うことのない、相手の好きな部分・嫌いな部分を二人一組になって正直に言い合うというのが〝好き嫌いセッション〟です。相手が自分のこんな部分を評価してくれていて、あんな部分にむかついている、ということをあらかじめ知っておけば、お互いストレスをためこむ前に改善できるし、なにより自分のことをより客観視できるようになります。

このセッションは旅のあいだ数カ月おきにおこなわれ、仲間の相互理解を深めてくれる立役者となりました。ぼくは個性的なメンバー内のニュートラルな立ち位置に感謝される反面、自分の意見を抑えてしまう一歩ひいた視点について不満をもたれることが多かったようです。今までの旅がほとんど一人旅だったので、見知らぬコミュニティに入ると、極力自分を抑えて相手の文化を尊重する努力をしてきました。しかし、それは行動を共にする仲間にとってみれば消極的な姿勢に見えて、じれったかったのでしょう。自分の物差しだけでは計れない多くのことを、このセッションが教えてくれました。

極地での生活

一カ月間のトレーニングを終えた二〇〇〇年四月、ぼくたちはプロジェクトのスタート地点となる北極へ向かいました。北極と南極というのは地球の端と端にある似たような氷の大地だと思われがちですが、実は大きな違いがあるのです。

南極点は大陸のほぼ中央に位置していますが、北極点の周辺は海になっています。したがって、人は巨大な氷の上を歩かねばならず、その氷が常に動いているために、たとえ北極点に立ったとしても、次の瞬間には現在地が移動してしまうわけです。しかも、それらの氷と氷はぶつかりあって乱氷帯を形成し、そのすき間はクレバスと呼ばれる裂け目となって人間の行く手を阻みます。

さらにわかりやすい違いは、シロクマがいるかどうかということです。南極にはペンギンがいますが、シロクマはいません。北極にはシロクマが住んでいる分、人は常に注意を払う必要があります。ぼくたちは町を目指してそのような北極の氷上を南へ南へと旅していきました。

極地での生活はふだんと大きく異なっています。当然水道もなければ、トイレもシャワーも便利なお店もありません。歯を磨くにもお皿を洗うにも全部雪を溶かして水を作らなければならないのです。エアコンやストーブがないテント生活では、まわりの環境を変えるのではなく、自分自身をどうにかその環境に適応させていく必要があります。

寒さから身を守り、一日中行動を続けるために、食事は一日五回ほど摂りました。そのなかで火を使うのは朝と夜の二回だけです。朝はココアパウダーをいれたオートミール、昼間はチーズ、ソーセージ、チョコレートやクッキーなどの行動食、夜は米やクスクスなどを食べていました。

洋服はジャケットの下に三枚ほど着込んでいますが*、遠征中は下着を含めて基本的に着たきりです。天候が悪くてテントのなかで待機しているとき、あまりにも暇だったので、

装備

1．人間は身体が資本です。一番暖かい部分はなんといっても股。（ちなみにブリーフ派というわけではありません……）。

2．下着が最も重要。２枚重ねることも。たとえ暑い地域に行くときでも、ぼくは必ず薄手の上下をザックの奥に忍ばせます。

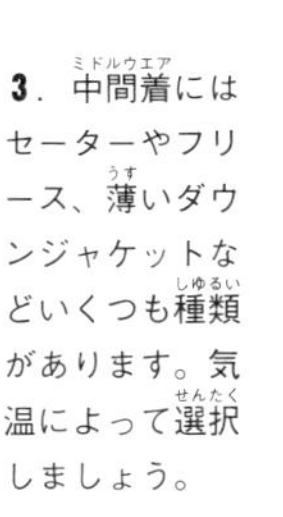

3．中間着にはセーターやフリース、薄いダウンジャケットなどいくつも種類があります。気温によって選択しましょう。

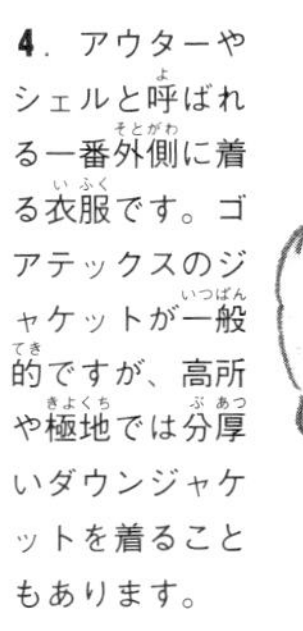

4．アウターやシェルと呼ばれる一番外側に着る衣服です。ゴアテックスのジャケットが一般的ですが、高所や極地では分厚いダウンジャケットを着ることもあります。

11	08	05	01
			02
12	09	06	03
13	10	07	04

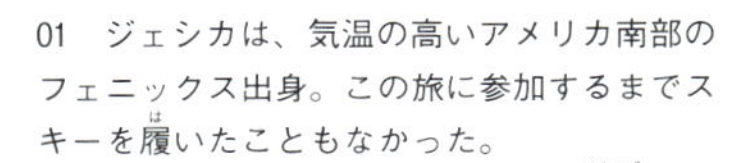
01　ジェシカは、気温の高いアメリカ南部のフェニックス出身。この旅に参加するまでスキーを履いたこともなかった。

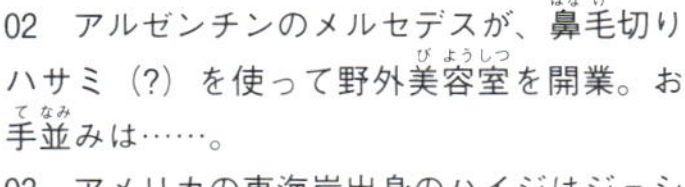
02　アルゼンチンのメルセデスが、鼻毛切りハサミ（?）を使って野外美容室を開業。お手並みは……。

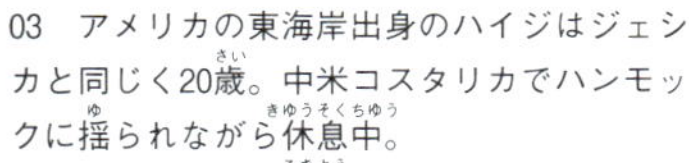
03　アメリカの東海岸出身のハイジはジェシカと同じく20歳。中米コスタリカでハンモックに揺られながら休息中。

04　メルセデスの故郷・チポレティで記者会見をおこなった。「POLE TO POLE」のスペイン語は「POLO A POLO」。

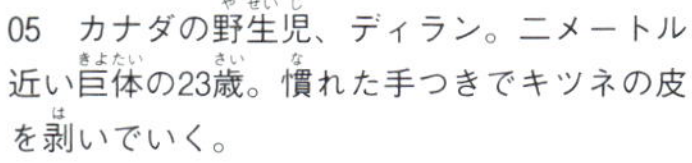
05　カナダの野生児、ディラン。二メートル近い巨体の23歳。慣れた手つきでキツネの皮を剥いでいく。

06　ゴミ拾いをしいる南アフリカのデブリン。23歳のサファリ・ガイドだ。

07　フランスのレノ。誰も信じないだろうが、こう見えても25歳。

08　韓国のジェイ。チーム最年少、運動神経抜群の19歳。ちょっとわがままなのがたまにきず。

09　カナダ西部の奇岩地帯とレノ。以前は近くに先住民の集落があった。

10　自転車に乗っていて転んでしまったメルセデス（左）とジェシカ（右）。小さなケガはしょっちゅうだ。

11　旅のあいだ、各地で何度も木を植えた。あれらの苗木は成長してくれているだろうか。

12　1年近く旅を続けていると、人間も機械もあちこちにがたがくる。装備類は最低限の修理を施して、だましだまし旅を続けた。

13　ペルー南部の砂漠地帯では恐ろしいほどの強風が吹いていた。ディラン。

POLE TO POLE
2000

お湯を作って下着を洗濯したことがありました。しかし、テントの外に乾かすと、板のようにバリバリに凍ってしまうのです。そんなときは思い切り絞った半乾きの下着をそのまま着て、二重になった極地用の分厚い寝袋にくるまってしまいます。最近の服の素材は機能的なので、寝袋にくるまって朝まで寝ていると、体温によってたいてい乾いてくれるのです。

　また、極地では用の足し方も日常とは少し異なっています。テントにいるときにもよおした場合、おしっこは専用の水筒へ、大便はスコップを持っていってすばやく穴を掘り、氷の陰でおこないます。寝る前にトイレに行きたくなるのですが、外はマイナス四十度ぐらいの寒さになるので、外に出るとせっかく温まったテント内がまた冷蔵庫のようになってしまいます。だから、おしっこをするための水筒「ピーボトル」をいつも肌身離さず、テント内ではいつもその水筒のなかに放出することになります。

　最初、何度かボトルからおしっこをこぼしてしまったことがありましたが、慣れれば寝袋に入ったまま、横になりながらでもできるようになります。ちなみに、おしっこが入った水筒は、出した直後一時間くらいは湯たんぽ代わりにもなります。

大きいほうをするときは少しだけ慎重になります。なぜならシロクマは人間の匂いに敏感なので、彼らが嗅ぎつけてしまわないように素早く終わらせないといけないからです。また、どれだけ少ない紙でお尻を拭くかということについても日々研究を重ねました。最終的には十五センチ四方のトイレットペーパー一枚を使って、十五秒ほどでコトをすます習慣を身につけました。

シロクマの足音

北極にいた一カ月のあいだ、ぼくたちは七頭のシロクマと遭遇しました。護身用のライフルを持っていたので、シロクマが近寄ってくるとそれで空を撃つのです。「ドーン！」という爆音でシロクマを驚かせて、なんとか逃げてもらうことが目的です。

みんなが寝しずまった深夜、テントから三、四メートルのところまでシロクマが近寄ってきたことがありました。氷を踏む得体の知れない足音に気づき、ライフルを持って外に出ると、目の前にシロクマがいました。お互いぎょっとしたまま動きが止まり、すぐにライフルを天空めがけて発砲します。シロクマは背中を向けて一目散に逃げだしましたが、彼が去っていった後、足が震えてぼくは動くことができませんでした。

人間がシロクマになったり、シロクマが人間になってしまう神話が、北極の先住民のあいだで語り継がれています。イヌイット＊に限らず、自然と直に触れて生活している人のあいだでは、ときにクマと結婚し、兄弟や親子の関係を結んでしまうという類の神話がいくつも残されています。神話と共に生きる人々は動物と人間が対等な立場であることを感覚的に理解しています。神話とは、単なるおとぎ話ではなく、人間が本来持っていた野生の思考から生まれたものでした。

ぼくはシロクマと向かい合った瞬間のびりびりするような緊張感が忘れられません。いま見ている世界が、世界のすべてではないということを思い出させてくれるこのような瞬間を一つ一つ蓄積していったとき、人はどんなところにいても〝世界〟を感じることができるようになるでしょう。そうすれば平凡な日常生活のあいまのふとした瞬間に、別の時

次頁：北極に落ちた巨大な隕石。宇宙に点在する惑星のことを思う。

間をのぞき込むことができるようになります。北極はいまでもぼくにとって、本当に大切な場所の一つです。

イヌイット

北極ではぼくたちPOLE TO POLEのメンバー以外に、案内役としてルーカスというイヌイットの青年も一緒に行動していました。ルーカスはカナダ北極圏のレゾリュート村に住み、各国からやってくる遠征隊のサポートをしています。

顔は日本の人とそっくりで、雪焼けした顔から、真っ白い歯をのぞかせていつもニコニコしていました。木製の大きなソリに荷物を縛りつけるロープさばきや、テント内でのシンプルで合理的な暮らしぶりなど、さすがに極地を日常生活の場にしているだけあって、いろいろな面で見習うことが多かったです。

イヌイットというのは、カナダ北部やグリーンランドの北極圏に暮らす先住民の最大グループのことを指し、彼らの言葉で「人」という意味をあらわしています。

じょじょにライフスタイルが変わってきているとはいえ、冬はアザラシやシロクマ、夏はカリブーや鯨などをとり、食料をはじめ、衣服、道具、燃料、工芸品としてあらゆる部分を残さず利用しながら、今でも狩猟中心の生活をおくっています。生き物や大地に敬意を払い、自然と共生することの本当の意味を身体でわかっている人たちだといえるでしょう。

人力での大陸縦断

氷の上を一カ月ほど歩き続けると、ようやくレゾリュートという村にたどり着きました。人工物を長いあいだ見ていなかったので、建物などを見ると妙な違和感があります。暖房が効いた宿に入ると身体がぽかぽかと温かくなって、急に自分たちの臭さが気になりはじめました。シャワーを浴びると全身が一皮むけたと感じるほどのアカが落ち、気のせいか体重まで減ったように思います。神話の世界はいつしか遠い彼方へと去っていきました。

ここからは自転車に乗り換えて凍った道路を進んでいきます。道端にテントを張りながら、カナダを西から東へ、そしてアメリカを東から西へと横断していきました。毎日毎日自転車をこぎ続けていく中で、仲間同士の絆はさらに深まり、同時に意見のぶつかり合いも起これば、恋愛も発生することになります。

POLE TO POLE のメンバーは男の子が五人、女の子が三人の男女混合で、旅のあいだはプライベートな時間も空間もほとんどありません。ぼく自身もまた好きになったりなら

れたりしながら、人とのつきあいという意味では、それまでの人生の中でもっとも濃密なひとときを過ごすことになります。英語が未熟なために思いをうまく伝えられないもどかしさを知り、すれ違いや誤解から生まれる微妙な空気感にもぞもぞしながら、日々めまぐるしく変わる風景のただ中で、ぼくたちはいつも泣いたり笑ったりしていました。

北米大陸を抜けてメキシコに近づくと、気温が摂氏四十度ぐらいまであがります。北極ではマイナス四十度ぐらいでしたから、気温差が八十度もあることになります。身体の内も外もその土地にあわせてカメレオンのように変化し、歩けば歩くほど地球というフィールドのおもしろさを実感していきました。

メキシコから先はスペイン語圏です。英語を話せる人が多いのではないかとたかをくくっていたのですが、行く先々の村で英語を解す人はほとんどいませんでした。道に迷ったときに言葉が通じないのは致命的ですから、ぼくたちは必死でスペイン語を勉強しました。グアテマラ、エルサルバドル、ホンジュラス、ニカラグア、コスタリカ、パナマなどの

前頁：知らない間にヤマアラシの巣の上にテントを張ってしまった。怒って出てきた彼（彼女？）はそそくさと移動していく。カナダ北極圏にて。

国々は、パンアメリカンハイウェイという一本の幹線道路でつながっており、何度も越境を繰り返しながら、その道を走り抜けていきます。

　中米諸国を旅していて、地続きである北米との落差にぼくたちは愕然としました。小さな集落に住んでいる人の多くは混血のインディオたちで、板きれで作られた小さな家に住んでいます。道は舗装されておらず、ぼろぼろの服を着た子どもたちが裸足でかけずりまわっていました。現在の世界は、貧しい人々から豊かな人々へ富が流れるようにできています。貧しい人々がいない限り世界が成り立たないとすれば、先進国と呼ばれる国々の住人たち（ぼくたちのことです）が声高に語る環境問題や平和で平等な世界とはいったい何なのでしょう。南北問題という言葉の意味は学校で習っても、その原因が自分たちにあることをぼく自身感じてきたでしょうか。アメリカや日本はどうしていつも戦争を肯定する側に立ち、弱者を欲し続けるのでしょう。

　ペダルをこぎながら、ぼくの頭の中もぐるぐる回転していました。教科書で覚えた知識はテストが終わった瞬間に消えてしまっても、旅で感じた疑問は炭火のようにいつまでも熱を発し続けます。ぼくは今もこれからも、これらのことをずっと考え続けていくでしょう。

やがて、東のどん詰まりにあるパナマに到着しました。ここから南米大陸へ渡るためには、ダリエン地峡と呼ばれるジャングルを越えなくてはなりません。しかし、そこは世界でも有数の危険地帯と言われていて、肉体的に厳しいだけではなく、治安の面でもおそろしく不安定な場所になっています。警察などの手が届かないために、麻薬や武器などの密輸ルートになっていて、ぼくたちがここを無事に通れる保障はまったくありませんでした。

いろいろ話し合った結果、ダリエン地峡を通らずに、ヨットを駆って海から南米へ渡ることにしました。霧雨のパナマを出発し、船酔いに悩まされながらも、およそ十日間かけて南米のエクアドルの沿岸にある漁村に入港することができました。

ふたたび自転車にまたがり、エクアドルを抜けて今度はペルーに入ります。ナスカの地上絵のすぐ脇を突っ走り、クスコという古い歴史をもつ町を訪ねました。ここは空中都市と呼ばれるマチュピチュ遺跡へ向かう拠点となる場所で、ペルーのほかの町と違ってマヤ

次頁：コスタリカの最高峰セロ・チリポの頂上付近に立つと、遠くにカリブ海を見ることができる。

の伝統的衣装を着た人たちも多く見られます。

南米大陸をさらに南に行くと、アルゼンチンとチリにまたがるパタゴニアに入ります。風の大地という異名をもち、その名のとおり、激しい強風が常時吹き荒れている荒野です。しかもその風は大陸の果てを目指す旅人を押し返すように、常に南からやってきました。

大陸の南端、チリのプンタアレナスという町に着いたのは、北極を出て半年以上もあとのことでした。プンタアレナスで南極へ向かう準備を整え、いよいよ最終目的地である南極大陸に入りました。

無国籍の大地

南半球は日本と季節が逆転しているので、南極では十二月から二月が夏にあたります。しかし、ここがほかと違うのは、夏でも寒いのはもちろん、夜というものがないのです。

南極の夏は白夜といって、一日中太陽が隠れることがありません。太陽光線が強い紫外線となって常時降り注いでいるうえに、オゾンホール*が大きくなっているので、身体には決して良いところではないのです。強い日焼け止めクリームを塗っても、肌は日焼けでぼろぼろになり、サングラスがなければあっというまに雪目になって目をやられてしまいます。

オゾンホール

南極の日差しは容赦なく肌に襲いかかります。氷上の照り返しも強く、日陰はほとんどないので、サングラスを使用しなかったり、日焼け止めを塗らずに行動したりすると、身体に大きなダメージを受けることになります。白夜のため一日中太陽と一緒ですが、しかし、この光がなくなってしまう冬のことを思うと、もっと恐ろしくてしかたありません。南極から光をとってしまったら、残るのは寒さと風が支配する暗黒の世界ですから。

夏は寒いといっても、天気さえ良ければ太陽によってだいぶ暖かくなります。行動していればなおさらのこと、マイナス十度くらいまでなら汗ばむほどです。太陽の暖かさを感じると幸せな気分になりますが、近年は南極上空のオゾンホールが大きな問題になっており、有害な紫外線を浴び続けるわけにはいかなくなってきました。

オゾン層は太陽から放たれる紫外線の大部分を吸収し、地上に到達させない役割をもっていましたが、フロンなどの温室効果ガスの影響でオゾン層に穴があいてしまい、皮膚ガンのもとになる強い紫外線が地上にまで届くようになってしまったのです。温室効果ガスを削減するために作られた京都議定書に、世界最大の温室効果ガスの排出国であるアメリカが署名しなかったことは大きな問題になりました。

南極に入って最初に滞在するのは、パトリオットヒルズという場所です。ここは各国の遠征隊のベースキャンプになる所で、夏の短いあいだだけ、いくつもの頑丈なテントが張られます。南極大陸は、世界中で唯一どこの国にも属していない大陸ですから、夏が過ぎるとこれらのベースキャンプはすべて撤収して、もともとあった真っ白い大地にもどさなければなりません。

トイレは、木材で作った掘っ立て小屋のなかにあります。小屋のなかには半分雪に埋まったドラム缶があり、人々はそのなかに排泄します。シーズンが終わるとそれらのドラム缶を持ち帰って、南米などで処理するわけです。南極に限らず、どこの地域でも同じですが、基本は何も持ち去らず、何も残さないのが外からきた訪問者のつとめでしょう。

パトリオットヒルズにあるものは、必要最低限のものばかりでしたが、そのなかでぼくが一番気に入っていたのは「図書館テント」です。南極への訪問者は天候待ちのために嫌でも幾日も同じ場所に滞在しなくてはなりません。それらの人々の多くは、昼間、何もすることがないので本を読みます。いつしか、各国の遠征隊が持ち寄った本が一つのテント

前頁：南極のベースキャンプとなるパトリオット・ヒルズには地吹雪のような強風がたびたび吹き付ける。

に集められ、小さな図書館ができました。急ごしらえの棚には、英語はもちろん、ドイツ語、イタリア語、フランス語、日本語などさまざまな言語の本がぎっしりと並んでいます。もっとも多いのは極地探検などの記録ものですが、なかには都会のラブロマンスや近未来のSF小説なども混じっていて、読んでいた人の顔を思わず想像してしまいます。みんなふかふかのダウンジャケットを着込みながら、日常とはかけ離れた最果ての地で一心不乱に読書に励み、これから待ち受けている厳しい遠征に向けて気持ちを整えていたのです。

白夜の南極点へ

天候を見計らってパトリオットヒルズを出発し、南極点を目指します。一カ月に及ぶ北極遠征のおかげでスキーを使って移動するリズムは身体に染みこんでいました。北極にはない烈風に悩まされながらも、ぼくたちは順調に歩を進めていきました。

極地でのナビゲーションはGPS（二三七頁のコラム参照）が頼りになります。少しでも風が強まると、視界はあっというまにせまくなり、ときには何も見えなくなってしまい

09	05	01
10	06	02
11	07	03
12	08	04

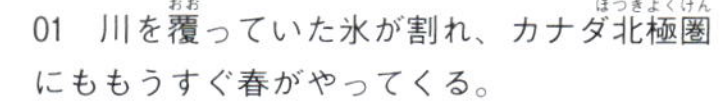

01　川を覆っていた氷が割れ、カナダ北極圏にももうすぐ春がやってくる。

02　カナダ中部の平野を行く。登りさえなければ、自転車の旅はなかなか快適だ。

03　ナイアガラの滝。近づくだけで、全身水浸しになってしまった。

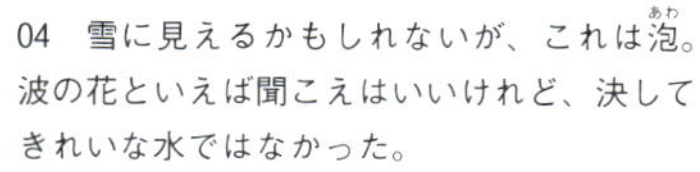

04　雪に見えるかもしれないが、これは泡。波の花といえば聞こえはいいけれど、決してきれいな水ではなかった。

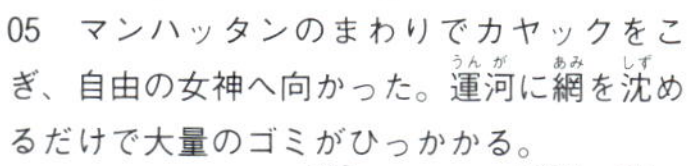

05　マンハッタンのまわりでカヤックをこぎ、自由の女神へ向かった。運河に網を沈めるだけで大量のゴミがひっかかる。

06　ニューメキシコ州サンタフェ郊外の丘にはいくつものペトログリフが残されている。

07　グランドキャニオンでクライミングの練習。おもしろそうな壁があるとついよじ登ってみたくなる。

08　中米パナマから南米エクアドルへはヨットで渡った。まれに海賊が出る海域なので、油断はできない。

09　チリ北部の塩湖周辺をいく。空気が薄く、ペダルをこいでいると頭がくらくらする。

10　氷の上をひたすら歩き、南極点を目指した。一カ月におよぶ歩行は、自分との闘いだ。

11　「南極点に着きました。元旦。」一目見ればわかるだろう、と自分で自分に突っ込みたくなる。

12　目印がない北極（右）や南極（左）では、自分の影や雪上の風紋によって方角を見極めなくてはならない。

南極点に
着きました
2001年

ます。そんなときはＧＰＳを見ながら進むしかないのですが、しかしずっと電源を入れっぱなしにしているとすぐに電池を消耗してしまいます。だから、ここぞというときのためにＧＰＳはとっておいて、基本的には自然の情報を読みとって方角を定めなくてはいけません。

ぼくたちは南極の風が一方向から吹くという性質を利用して、風によって地面にできる雪紋を道しるべに進んでいきました。雪紋はサスツルギと呼ばれ、氷の地面に縞模様を作ります。コンパスなどで方角さえ把握してしまえば、サスツルギに対してどのくらいの角度で進めばいいのかがわかり、たとえ視界が悪くても、地面を見ながら進むことができるようになります。

来る日も来る日も南極点を目指してとにかく歩き続けました。北極ギツネもシロクマもいない南極での移動は単調といえば単調ですが、しかしただひたすら歩き続けるという行為は、もしかしたら人間にとって大きな幸せなのではないかと思うようになりました。あらかじめ作られた道はどこにも存在せず、引き止めるものもなく、疲れてへとへとになる

May your passion lead you to unknown heigts!

――情熱があなたを未知の高みへと導いてくれますように

POLE TO POLE メンバーの一人、ハイジが手編みのニット帽をぼくのために作ってくれて、帽子の裏にこの言葉が小さく縫われていました。

ハイジとぼくは最初からことさら仲良しだったわけではありませんが、アメリカに入ったあたりからよく話をするようになりました。環境問題などについて熱心に語る姿と、同じ POLE TO POLE メンバーで姉妹のように仲が良かった友人のジェシカとふざけあう姿のギャップがなんだかほほえましく思えました。

旅のあいだ、ハイジにチョモランマへの夢やスターナビゲーションの素晴らしさについて何度も話していて、彼女はそれをいつも楽しそうに聞いてくれます。ある日、ペルーかどこかの町で編み棒を手に入れてきたハイジが毛糸をいじっていたので、冗談のつもりで「帽子を作ってほしいなあ」と言ってみたら、次の日から休み時間を利用して編み始めてくれたのです。

できあがったニット帽は宝物になりました。南極のビンソンマシフも南米のアコンカグア山もメンバーから離れてひとりぼっちでしたが、あのニット帽に助けられて登ることができたようなものです。ぼくの情熱だけでは立てなかった未知の高みへ、彼女の情熱が導いてくれたのかもしれません。

まで歩き、テントでの眠りから覚めるとまた地平線に向かって歩いていく。行き先は地球のどん底、南極点です。ぼくはあのときはっきりと喜びを感じており、心の奥底でこれらの日々が終わらないことを願っていました。人を寄せ付けない白い大地は、しかし人の気持ちを吸い寄せる大きな魅力に溢れています。

凍った大地を一ヵ月間歩き続け、南極点に立つ銀のポールに手を触れたのは二〇〇〇年十二月三十一日のことでした。北極を出発したぼくたちはとうとう地球を半周し、二十一世紀の幕開けを白夜の南極点で迎えたのです。

136頁：風が強い南極を移動するにはカイト（凧）とスキーの組み合わせが最適だ。最初はなかなか思い通りに進まない。／137頁：隆起した地形を見ていると、南極が大陸であることを実感する。世界中で唯一人が住み着かなかった氷の大地。

七大陸最高峰とチョモランマ

——いま生きているという冒険

北極海
アラスカ
（米）
デナリ
6194m
Denali
太平洋
アルゼンチン
アコンカグア
6960m
Aconcagua
ビンソンマシフ
4897m
Vinson Massif
南極大陸

ロシア連邦
エルブルース
5633m
Elbrus
黒海
カスピ海
中華人民共和国
日本
チベット自治区
チョモランマ
8848m
Qomolangma
ネパール
キリマンジャロ
5895m
Kilimanjaro
タンザニア
インド洋
オーストラリア
コジウスコ
2230m
Kojiusuko

ロバと旅するアコンカグア

南極点に到達してPOLE TO POLEのプロジェクトは解散し、ぼくを除いた仲間たちは三々五々、それぞれの故郷へと帰っていきました。ふたたび来る機会などめったにないだろうと思い、ぼくは一人で居残ることを決め、南極大陸最高峰のビンソンマシフへ向かったのです。仲間と別れた日の夜は、テントで一人寝袋にくるまりながら、どうしても涙が止まらなくて困りました。ぼくは今までのようにまた一人旅の身にもどったのです。

ただでさえ寒い南極にあって、標高四八九七メートルのビンソンマシフの山中はどんなに寒いのだろうと覚悟していたのですが、一カ月の南極生活で慣れてしまったのか、そんなに寒さは感じませんでした。ルート的にも難しくなく、一週間ほどで頂上に立つことができました。頂きにはスキーのポールが逆さまにささっており、ほとんどホワイトアウトの状態だったので景色は何も見えず、それどころか、強風のために目を開けていることさえつらかったです。

すでに日本を出て一年弱が経過しています。南極点に立ち、ビンソンマシフにも登れたので、もう南極に思い残すことはありません。ぼくは氷原を後にして、ふたたび南米へもどりました。そろそろ日本に帰ってもよかったのですが、南米も心置きなく旅しておこうと思い、今度は南米大陸の最高峰、アコンカグアへ向かうことにしました。POLE TO POLEの旅で余った食料や装備などをザックにつっこみ、スキーや自転車を抱え込んで、乗り合いバスでアコンカグアの山麓を目指します。

アコンカグアはロバに乗ってアプローチします。今まで自転車やカヌーなどさまざまな手段を使って移動してきましたが、ロバに乗って旅をしたのはこれが初めてでした。山の麓にガウチョというカウボーイのような人たちがいて、今からアコンカグアに行くことを告げると、「じゃあ、ロバを貸してやる」と言われたのです。てっきりガウチョがロバを操って荷物を運んでくれるのかと思ったのですが、そうではありませんでした。「こいつを連れていけ」と言われて、ただ一頭のロバを貸し与えられたのです。ロバの操り方を知らないのでガウチョに尋ねると、「ここを叩けば前に進む」などとぶっきらぼうなレクチャーをしてくれました。わかったような顔をしてうなずきましたが、スペイン語なので実は細かいことはよくわかりません。「ブエノ、グラシアス！（オッケー、ありがとう）」などと言って、とにかくロバを借り受け、長く単調な道のりを歩くよりも若干早いスピードで移動し、なんとかアコンカグアのベースキャンプまで行き着くことができました。

アコンカグアは標高が六九六〇メートルほどもあり、これまで登った中では一番もっとも高い山です。岩と石だらけの荒涼とした環境が頂上のほうまで続くのですが、今までずっと南極の雪の中にいたので、たとえ岩だらけの風景でも何だかホッとしました。

本当はもう見るのも嫌だったのに、南極の残り物のオートミールなどをしぶとく食べ続け、ガムテープで補修したボロボロのテントに泊まりながら、ゆっくりと頂上を目指しました。

チョコレートや飴などを南極で毎日食べていたせいでしょうか、歯は磨いていたのに虫歯になってしまい、アコンカグアの山中で急に痛くなりはじめました。ぼくはこれまで大きな病気にかかったことがないし、ほとんど薬も飲まないのですが、ちょうど頂上間近のところで動けないほど痛くなり、非常用に持ち歩いていたバファリンを続けて何粒も飲んだら、今度は気持ちが悪くなってしまいました。高度の影響もあると思うのですが、歯痛とともに猛烈に眠くなり、何度も座り込みながら、むりやり身体を引きずり上げて頂上に着いたのです。頂上でひっくり返って「もう駄目だ……」と空を仰ぎ、ようやく日本に戻る決心をしたのです。

頂上の国境線

五つの大陸の最高峰に登ってしまうと、やはり世界最高峰へも登ってみたくなります。日本にもどって情報を集めていると、ニュージーランドの登山家が公募で登山隊のメンバーを募っているのを知りました。POLE TO POLEの旅から帰って三カ月後、ぼくはそれに申し込み、チベットから世界で一番高い場所を目指すことにしたのです。

教科書などでは世界最高峰のことを「エベレスト」と表記してあるかもしれませんが、

エベレストはイギリス人がつけた名前で、地元の人々は異なる呼び方を使っています。この山は頂上に国境線が引かれていて、北側はチベット、南側はネパールというように分かれていて、エベレストのことをチベットでは「チョモランマ」、ネパールでは「サガルマータ」と呼びます。ぼくはチベット側から登りましたし、チベットの人がこの山に抱く神聖な気持ちに敬意を払いたいので、彼らと同じようにふだんは「チョモランマ」と呼んでいます。このような理由で本書では、世界最高峰の呼び名を「チョモランマ」に統一することにします。

登山の話をしていくと必ず出る質問の一つが「旅の費用はどうしているんですか?」というものです。ぼくの場合は文章を書いたり写真を撮るのが好きなので、大きな旅に出る前には旅の計画書を持っていくつもの出版社や雑誌編集部を訪ね、「後でその旅に関する記事を書くので、取材費をいただけないでしょうか」とお願いをするのです。もちろん見ず知らずの若者を信用してくれる人は少ないのですが、何人もの編集者と会うと、ごくたまに奇特な人が「飛行機代だけなら……」などと言って、協力してくれることがあるのです。

チョモランマに登るまでは、ほとんどアルバイトで得たお金で旅をしていました。高校生のときのインドもそうだし、ほかの旅も基本的に移動はバスか電車を使い、安宿泊かテント泊の貧乏旅行だったので、費用はかなりおさえられていました。しかし、チョモランマに行くとなると、バイトで貯めたお金だけでは補いきれません。山に入る前にその国の政府に入山料を払わなくていけませんし、登山に協力してくれるシェルパ*を雇ったり、必要な装備を買いそろえなくてはいけないからです。

チョモランマ遠征では、出版社が協力してくれた取材費だけでは足りず、知り合いの編集者や親に借金をしました。そして、山に登った後に出した本の印税でようやくその借金を返し、元のスッカラカンにもどります。ぼくの旅は基本的にその繰り返しです。

世界最高峰への登りかた

さて、チベットに話をもどしましょう。最初は日本からネパールのカトマンズへ飛び、

タシデレ

བཀྲ་ཤིས་བདེ་ལེགས།

インドやネパールの「ナマステ!」と同じく、挨拶にも使いますが、本当は「おはよう」とか「おめでとう」といった意味です。インド旅行ではじめて覚えた言葉が「ナマステ」なら、チベットではじめて使った言葉は「タシデレ」でした。シェルパたちは英語を使える人も多かったので、ネパール語やチベット語を覚える必要はなかったのですが、「タシデレ」だけは、いろいろなところで耳にしていたために、頭にこびりついて離れなくなりました。

プージャーという登山の前におこなう安全祈願の儀式で、一人のシェルパが安いビールを御神酒の代わりにして、登山者の手のひらに注ぎながらまわっていました。そのとき彼が念仏のように「タシデレ、タシデレー」と唱えていたのです。長髪を後ろで結んだその青年はネパールではなくチベットからやってきており、英語がそんなに得意ではありませんでした。儀式の後で、ぼくは思い切って彼に「タシデレ!」と声をかけると、笑顔で「タシデレ!」と返してくれて、以降ぼくたちは身ぶり手振りで会話をするようになったのです。

現地の言葉を一つでも覚えると、そわそわしていた気持ちがふっと消えて、小さいけれど自分なりの居場所をその土地に見つけられる気がします。

シェルパ

シェルパ族は東チベットからネパールのヒマラヤ近くに移住してきた人々の祖先で、チベット語で「東の人」という意味をもっています。チョモランマの南麓に住むチベット系ネパール人のことを指し、登山のサポートや案内役として知られています。

もともとチベットの人々にとって山は信仰や畏怖の対象であっても、登るためのものではありませんでした。シェルパ族も本来は農耕牧畜を営む山岳民族でしたが、ヨーロッパの登山隊がヒマラヤ登山の荷運び役として雇いはじめたことから、世界中にその名をとどろかせるようになり、民族の名称ではなく、いつしか職業としての〝シェルパ〟へ変わっていったのです。

今では彼らの協力なくしてのヒマラヤ登山は考えられません。一九五三年にヒラリーと一緒に世界で初めてチョモランマの頂上に立った英雄テンジン・ノルゲイをはじめ、十回以上チョモランマに登頂する人間離れしたシェルパも現れました。リスクが大きいとはいえ、ネパールの一般的な収入の数倍を稼ぐことができるシェルパという職業を目指す人は、各国からの登山隊の増加にともなって増え続けているようです。

ぼくがチョモランマへ行ったときは、若いシェルパとの雑談や時おり見せる笑顔に何度も救われました。彼らが持つ生きるための力に触れるたびに、自分の弱さを情けなく思います。シェルパだけではなく北極のイヌイットなどもそうですが、彼らと一緒に生活していると、人間がもっていた野性は失われたのではなく、眠っているだけなのだと感じます。

そこからチベットのラサへ向かいました。ラサから西へ西へと車で移動して、チョモランマの麓まで来て、ようやく登山を開始します。

最初は、標高五千二百メートルの場所にベースキャンプを作ります。ここからチョモランマに登頂して、ふたたび下りてくるまでにおよそ二カ月かかります。二カ月分の食糧を車でベースキャンプまで運び入れて整理し、それからはヤク*という毛足の長い牛に食糧を運んでもらうことになります。

ヤクは高所に強い動物で、専属のヤク使いと呼ばれるチベット人がヤクたちの行列を次のキャンプまで導いていきます。プラスチックの青い樽に食料や装備などを入れ、それをヤクの背中にくくりつけて、標高六千四百メートルにあるABC（アドヴァンス・ベースキャンプ）という場所まで二十キロの道のりを一緒に歩くのです。そこから先はヤクも登れない雪の急斜面ですから、自分たちで荷物を運ばなくてはなりません。

麓から頂上まで一気に登っていくことが登山かと思うかもしれませんが、必ずしもそうではありません。特に標高が高い山ではちょっと登ったらテントを張って数日間休み、そこから上へ行かずに逆に下ったりして身体をその標高になじませていきます。そしてまた登りかえして、今度は一度テントを張った場所よりもさらに高い場所まで行ってまたテントを張る、というように、登り下りを繰り返しながら、一直線ではなくジグザグに登っていくわけです。このように身体を慣らしていくことを「高所順応」と言います。万が一順

ヤク

体長が一・五メートルから二メートルほどの、ウシ科の動物です。チベット高原の標高四千〜六千メートル地点に群れで生活していて、寒さから身を守るために身体は長い毛に覆われています。野生種はおらず、家畜化されたヤクがほとんどのようです。

標高五二〇〇メートルのベースキャンプにどこからともなく群れで現れ、標高六四〇〇メートルにある次のキャンプまで重い荷物を運んでくれました。ヤクの一群には必ずヤク使いと呼ばれるチベット人がつき、口笛などを使ってヤクたちがはぐれないように見張りながら目的地へと導いていきます。

鈍重ですが力持ちで、首に付けた鈴をカランコロンと鳴らしながら、文句も言わずに歩き続けてくれました。キャンプに到着し、ヤクも一緒に一晩あかします。夜中にトイレのために外に出ると、ヤクが目を開けたまま眠っていました。テントにもどってふたたび寝袋にもぐりこむと、時おり外から悲しげな鈴の音が聞こえます。寝相の悪いヤクが首を振っているのでしょう。

満天の星空の下、今日もヤクたちはああやって山の中で眠っているはずです。目を閉じるとあの鈴の音が今にも聞こえてきそうです。

応がうまくいかないと、空気の薄さに身体がついていけず、途中で動けなくなってしまいます。運が悪ければ、肺水腫などの病気になって死んでしまうこともあるのです。

チョモランマに登る人たちは年々増えていて、特にノーマル・ルートと呼ばれる一番易しいルートにはたくさんの登山者が集中します。ですから、天候が安定する春と秋のシーズン中、ベースキャンプやアドヴァンス・ベースキャンプなど下のほうのキャンプは非常に混雑します。昔は大冒険の対象だった世界最高峰への道も、時代によってどんどん様子が変わってきています。

四つのキャンプ

ヤクも歩けない標高七千メートル以上の場所にある上部キャンプは、順番に第一、第二、第三、第四キャンプと呼んでいました。

標高七千メートルの第一キャンプは、別名「ノースコル」と呼ばれ、ここにはチベット仏教の経文が書かれたカラフルな布、タルチョが舞っていました。ネパールからやってき

前頁：登山開始前に、ベースキャンプでプージャーの儀式をおこなった。山への挨拶と登山の無事を祈願する。

て、ルート工作や荷運びの手伝いをしてくれるシェルパの人たちがとりつけたもので、登山者もシェルパたちもまだこのあたりでは余裕があります。

次に標高七千三百メートルの場所に第二キャンプを設営します。徐々に追いつめられてきて、余力がなくなっていきました。撮影した写真の数もぐっと減っています。ザックを下ろして、カメラを取り出して、シャッターを切るというたったそれだけの行為なのに、だんだんと身体が思い通りに動いてくれなくなるのです。

さらに標高七千九百メートルまで上がって第三キャンプを設営します。ヒマラヤの高峰というと、白い雪をかぶった山々を想像すると思いますが、標高が八千メートル近くになると、風で雪が吹き飛ばされて、山稜には雪がつかなくなっていきます。ですから、ここから上の地面は岩と雪のミックス状態になっていて非常に歩きづらくなります。

人が寝られるほどの平坦な場所はなくなり、斜面にしがみつくようにむりやりテントを張ります。テント内で横になるときは、身体の位置に注意しないと、転がってテントのどちらかの壁に押しつけられてしまうほどです。

第三キャンプではじめて、寝るときに酸素ボンベの酸素を吸いました。無酸素で登ることも人によっては可能です。が、八千メートル以上の山を無酸素で登ると、ボクシングで思いっきりノックアウトされたくらいの脳細胞が死ぬ、といわれています。身体にダメージが残ることもあり、リスクが大きいために無理をすると取り返しのつかないことになってしまいます。

厳しい環境に何度も身を置くと、自分がどのあたりまで行けて、どのあたりを超えると危険なのか、ということが感覚的にわかるようになります。ぼくの場合、高さは標高八千三百メートルくらいが限界です。そこまでは無酸素で行けるのですが、それ以上先へ行ってしまうと、多分死んでしまうだろうなと思います。

テントのなかでは自分の身体をその高度に慣らすために、ずっと水ばかり飲んでいます。水を飲むのは、何度もおしっこをするためです。水を飲み、おしっこをする、それを繰り返して体内の循環をその高さにあわせていくのです。だから、まったくのどが渇いていな

前頁:ベースキャンプからアドヴァンス・ベースキャンプへ、20キロの道のりをヤクとともに歩く。標高6000m地点。

高山病

標高が高くなると気圧が下がるために、空気が薄くなります。そのためふだんより酸素の摂取量が低下して、身体にさまざまな変化が起こるのです。そのことを高度障害、あるいは高山病と呼びます。症状がひどくなると、肺水腫や脳浮腫にかかって命を落としてしまうこともあります。

ぼくがはじめて高山病らしき症状にかかったのがデナリでした。そんなに疲れていないはずなのに足が前に出ず、へたりこみそうになり、顔はむくみ、頭痛がしました。しかし、それでもなんとか登り切ってしまったので、非常に幸運だったといえます。降りると一気に身体が軽くなり、マラソンランナーがなぜ高地トレーニングをおこなうのかちょっとだけわかる気がしました。

高山病を予防するためには、ゆっくり一定のペースで登りながら、常に呼吸を整え、水をたくさん飲んでトイレに行くことです。高所では喉が渇く感覚も平地より鈍くなるので、特に自分が水を欲していなくても意識して水分をとらなくてはいけません。

高山病にかかるかどうかはその人の体質とも関わっており、それはトレーニングによって改善されるようなものではないので、とにかくゆっくりと順応に励み、焦らず上り下りを繰り返すことが大切です。

山に登らなくても、たとえばチベットのラサはすでに標高が三七四九メートル、ペルーのクスコなども標高三千メートル以上あります。平地から飛行機で高地へ行く場合は、着いた途端に高山病で苦しんで一歩も歩けない、なんてこともありえますので、旅人といえども高山病には注意しましょう。

くてもむりやり水を飲みます。ぼくは一日五リットルほどの水を飲むことを目標にしていました。

登山中に重い水をたくさん持つことはできないので、その日の行動を終えてテントを張り終えると、まずは水作りをはじめます。スコップでテントのまわりの雪を集めてズタ袋にいれ、テント内に持ち込みます。コンロに火を点け、焦がさないように少量の水を鍋にいれて熱し、そこにどんどん雪を放り込んでいきます。沸騰したら水を水筒に移し替えて、また同じことを繰り返します。水を作って、むりやり飲む。そしてトイレに行く。それが毎日の日課になるわけです。こうやって人間は高所で自分の身体を徐々にコントロールしていくのです。

デスゾーン

標高八千三百メートル地点に最終となる第四キャンプを設営しました。このあたりは酸素もかなり薄く、人間がまともに生きていけるような環境ではありません。

160頁：標高6400メートルにあるＡＢＣのテント内から見た風景。続々と遠征隊の荷物を運ぶヤクが到着する。／161頁：ＡＢＣから標高7000ｍの第１キャンプへ向かう急斜面。これは上から見下ろしたところ。

どうして自分は高い山に登ったり、川や海に出かけたりするのでしょうか。突きつめていけば、やはり楽しいからということになります。日本にいると家のテレビの前でボーっとしているだけで、どんどん時間が過ぎ去っていきます。しかし、チョモランマなどの厳しい自然のなかにいると、少しでも感覚が鈍ると命の危険にさらされてしまい、積極的に生きようと思わない限り、前へ進めません。

単独で登山をしているときはもちろん、たとえチームで登っていたとしても、基本的には自分の身体をコントロールしているのは自分です。次に踏み出す足の置き方を間違えたら、危険にさらされてしまうような場所がいくつも出てきますが、ぼくはそういう所にいるときになぜか心の底から幸せを感じるのです。「何だかすごい場所にいる」という気持ちが湧き上がってきて、自分が〝生きている〟と感じるのです。その瞬間、嬉しくなり、気持ちよくなります。「生きている実感」なんていったら陳腐に聞こえるかもしれませんが、このような喜びを感じる瞬間は、ぼくの場合、日常生活では得ることができません。だから登山はやめられなくなってしまうのです。

頂上アタックの日は、深夜一時くらいに最終キャンプをスタートし、ヘッドランプの灯りをたよりにゆっくり歩きはじめました。空は星で埋め尽くされており、あまりにも星が多かったので、空自体が赤紫色に発光しているようにさえ見えました。

「ここは本当に自分が過ごしてきた世界の一部なんだろうか」。不思議な気持ちで歩を進めていると、少し先に人間の足のようなものが見えます。まさか人間ではないだろうなと思って歩いていくと、それは一人の登山者でした。大きな岩の陰に寄りかかるようにして、身体をくの字に曲げて座り込んでいる男性です。ダウン（羽毛服）の上下を着ていたのですが、その表面は色褪せており、靴なども全部履いたままぴくりとも動きません。あとで聞いたところ、一九九九年のドイツ隊にいた登山者の遺体だということがわかりました。あたりの気温はマイナス二十度ほどで、しかも湿気がなく乾燥しているために、そのままの状態で何年も残ってしまうのです。

標高八千五百メートルのこのあたりまでくると、息を引き取った人がいてもなかなか下

前頁：標高7900ｍの第３キャンプ。このあたりは風が強く雪がほとんど積もらない。斜面にどうにかテントを張った。

ろすことができません。成人した大人の身体を背負って下ろすのは、熟練したシェルパたちが協力しても容易ではないのです。酸素は地上の三分の一以下、誰もが自分のことで精いっぱいになるので、疲れ果てた人をどうにか鼓舞する努力はしますが、自力で動けなくなってしまった人を助けるのは困難です。

ぼくはなんだか急に恐ろしくなってしまい、それまではゆっくりではあったけれど順調に歩くことができたのに、そこから突然歩みが遅くなってしまいました。自分もそんなふうになってしまう可能性がゼロではない、と思ったとき足がすくんで、うまく歩けなくなってしまったのです。

頂上

チョモランマの頂上付近では、誰もが一人の生身の人間として自然と向き合わなければなりません。お金持ちもそうではない人も、王様もサラリーマンも、年上も年下も関係ありません。今この瞬間、この場所における自分自身のありかたが問われるので、みんな真

剣だし、命がけです。日常生活ではつい忘れがちですけれど、こういった心持ちで常にぼくは世界と接したいと思います。こんなに恐ろしい場所に毎日足を踏み入れるのは嫌ですが、でもあらゆる場所がチョモランマの頂上のような場所だったら世界はどうなるかな、と少しだけ考えることもあります。

四方八方から吹きつける風の残像のようなものが見えたのは、高度による影響でしょうか。五感を含めて身体のあちこちがうまく機能しなくなってきました。

ファーストステップ、セカンドステップと呼ばれる垂直な壁をよじ登り、最後の頂上ピラミッドを回り込みながら慎重に登り詰めると、そこにチョモランマの頂上がありました。標高八八四八メートル、そこは畳二畳を縦に並べたぐらいの小さなスペースでした。

登ってきた斜面と反対側にはネパール側からのルートがあります。ここまで来るために要した途方もない努力は、同じようにネパール側のルートでも必要なのだなあと思うと、いつか南のネパールからも登ってみたいと思いました。こんなにもたくさんの喜びと驚きを得た登山は今までなかったからです。

前頁：標高8300mの最終キャンプ。ここは人間が生活できるような場所ではない。

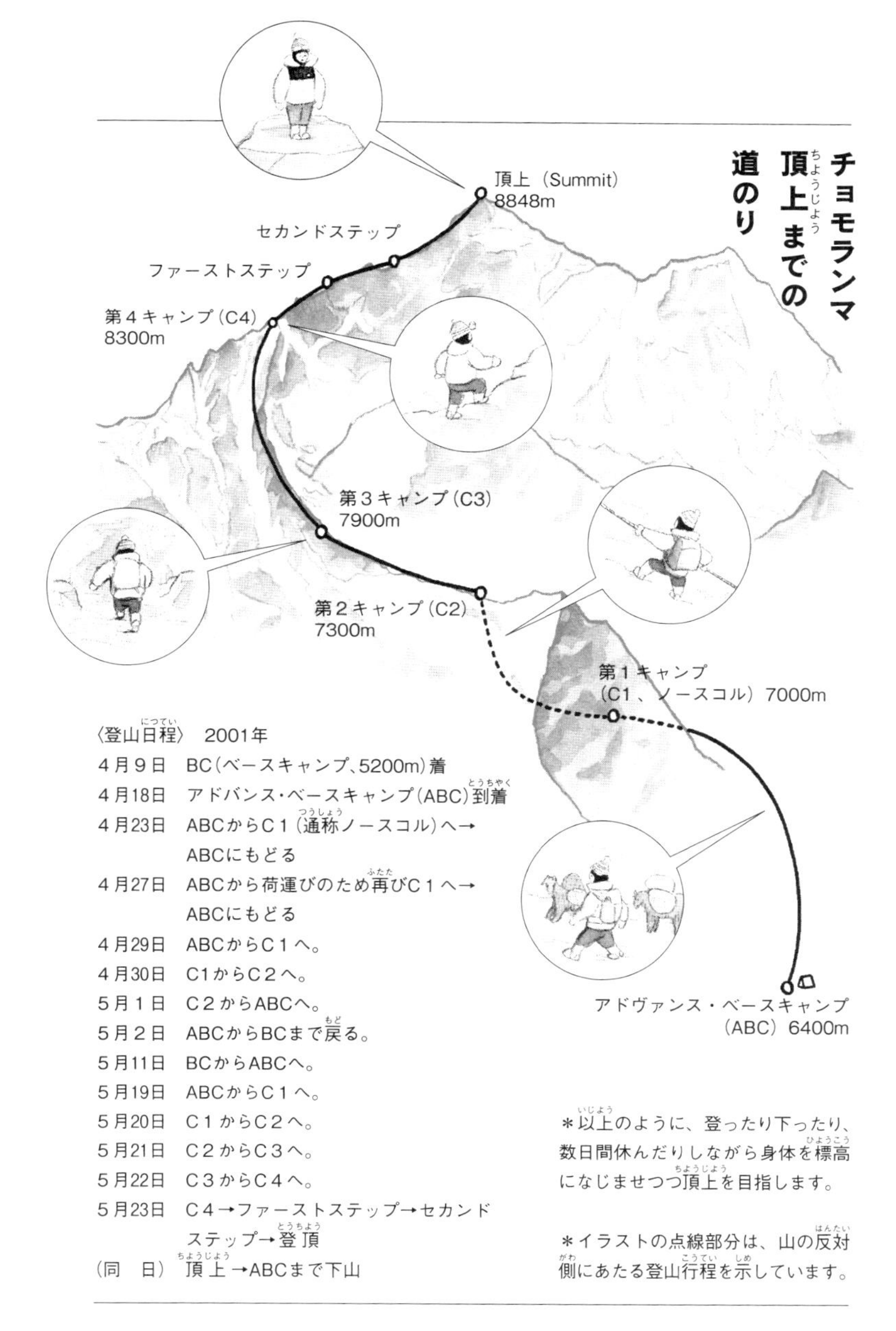

チョモランマ頂上までの道のり

〈登山日程〉　2001年

４月９日　BC（ベースキャンプ、5200m）着
４月18日　アドバンス・ベースキャンプ（ABC）到着
４月23日　ABCからC１（通称ノースコル）へ→ABCにもどる
４月27日　ABCから荷運びのため再びC１へ→ABCにもどる
４月29日　ABCからC１へ。
４月30日　C1からC２へ。
５月１日　C２からABCへ。
５月２日　ABCからBCまで戻る。
５月11日　BCからABCへ。
５月19日　ABCからC１へ。
５月20日　C１からC２へ。
５月21日　C２からC３へ。
５月22日　C３からC４へ。
５月23日　C４→ファーストステップ→セカンドステップ→登頂
（同　日）　頂上→ABCまで下山

＊以上のように、登ったり下ったり、数日間休んだりしながら身体を標高になじませつつ頂上を目指します。

＊イラストの点線部分は、山の反対側にあたる登山行程を示しています。

頂にはすでに何人かの人が立っていました。忘れもしない二〇〇一年五月二十三日、この日の午前中は風が弱く天気も安定していたので、多くの登頂者が出たのです。まわりを見回すと、当然ですがここより高い場所はありません。この世のすべてのものは眼下にあるのです。雲でさえはるか下にあるので、視界は青い空でいっぱいになり、涙が出そうになりました。

しかし、頂上に着いたからといってのんびりしているわけにはいきません。下りで力尽きてしまう人は数多くいますし、ここで集中力が途切れてしまうと、安全な場所へもどることができなくなります。カメラやビデオで頂上の様子を撮影し、万が一のために使い捨てカメラでも何回かシャッターを切りました。そして、もう一度あたりを見回して、自分の眼にこの風景をしっかり焼き付けて、下りにかかります。

ルート上には頂上を目指して登ってくる人たちがぽつぽつといて、すでに頂上に立ったぼくは、少し誇らしげな気持ちでそれらの人の横を通り過ぎていきます。八千メートルよりは上はデスゾーンですから、なるべく早く脱出しなくてはいけません。

前頁：最終アタックで頂上を目指す。朝８時頃、標高8600メートル地点にて。世界一の頂きはもうすぐそこだ。写真はシェルパのカサン君。

ぼくは何度も尻餅をつき、へたりこんだりしつつも、六千四百メートルのアドヴァンス・ベースキャンプまで降りてくることができました。すぐに衛星電話で日本に連絡し、無事に登頂した旨を友人たちに伝えます。そこから先の数日間はくたくたになっていてほとんど記憶がありません。二カ月に及ぶ長い登山はようやくゴールを迎え、チベットからネパールのカトマンズへもどりました。太陽の光の暖かさを味わい、しっとりとした空気に身を委ねながら、ぼくの身体は徐々に熱を取りもどしていきます。登頂の興奮が覚めやらない頭の中は、すでに次の旅のことでいっぱいです。カトマンズで心おきなく休養し、ぼくはしっかりとした足どりで日本に帰国しました。

ミクロネシアに伝わる星の航海術

――心のなかに島が見えるか

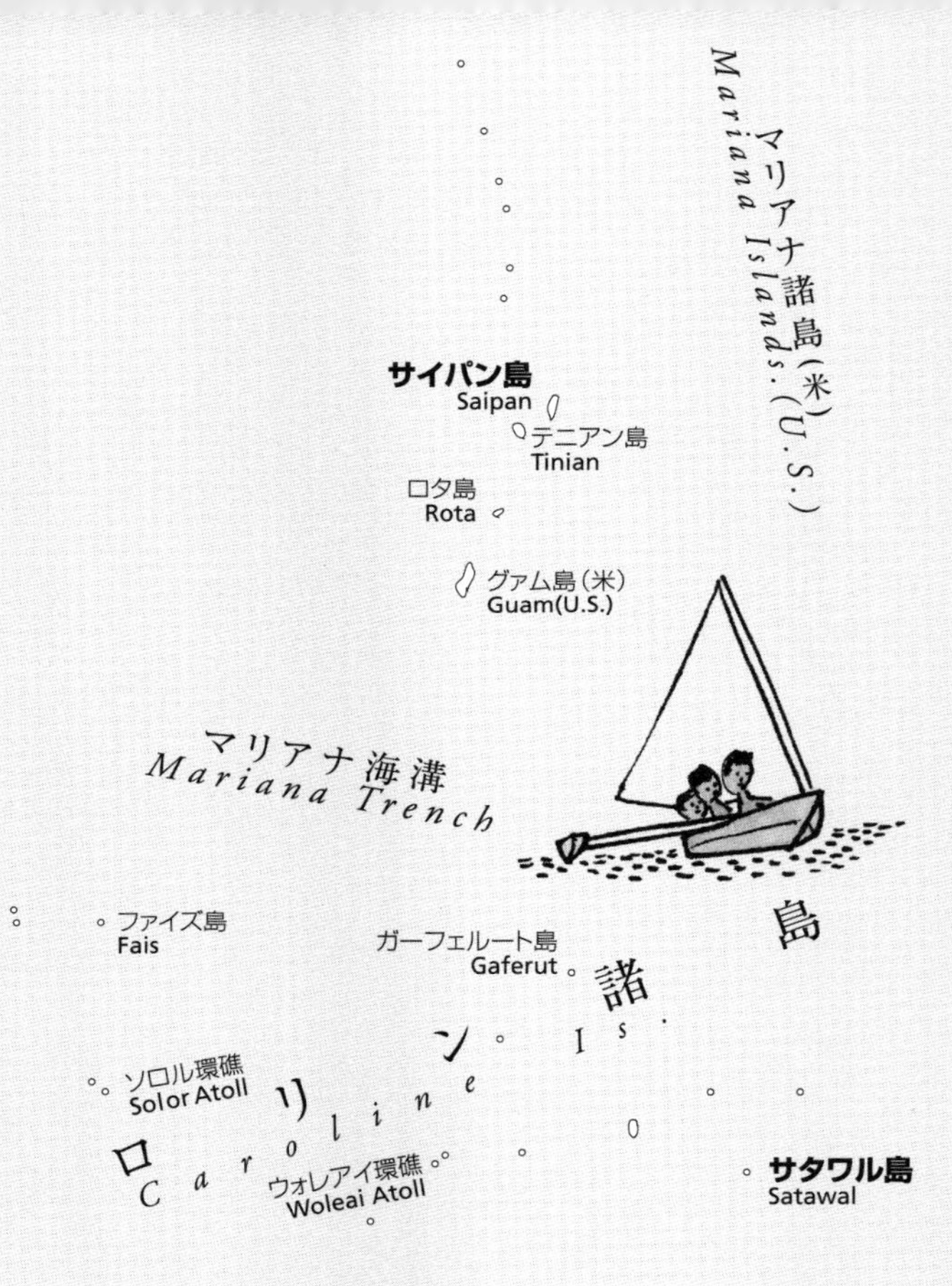

マリアナ諸島(米)
Mariana Islands.(U.S.)
サイパン島
Saipan
テニアン島
Tinian
ロタ島
Rota
グァム島(米)
Guam(U.S.)
マリアナ海溝
Mariana Trench
ファイズ島
Fais
ヤップ島
Yap
ガーフェルート島
Gaferut
カロリン諸島
Caroline Is.
ソロル環礁
Solor Atoll
ウォレアイ環礁
Woleai Atoll
サタワル島
Satawal
ミクロネシア
MICRONESIA

フィリピン
PHILIPPINES

太平洋
PACIFIC OCEAN

ミンダナオ島

パラオ諸島
Palau Is.

パラオ
PALAU

星の教え

「はるか昔、地図もコンパスもなかった時代、わたしたちの祖先はカヌーに乗って、星をたよりにこの島にやってきたんだよ」。ミクロネシア連邦ヤップ島の海辺で、年老いたおじいさんがぼくに言いました。

ヤップ島はサイパンやグアムなどが連なったマリアナ諸島の南西にあります。マリアナ諸島は伊豆諸島や小笠原諸島の南にあるので、ヤップ島は日本から考えるとだいぶ南、赤道に近寄ったあたりに浮かんでいる小さな島です。

「おじいさんの祖先はどこからやってきたんですか？」

「東のほうの島さ」

ヤップ島の東にはカロリン諸島の連なりがあって、それらの島々は空港のあるヤップ島に住む人からは離島と呼ばれています。離島というのはそう、文字通り、政治や経済を司る〝中心〟から遠く離れて存在している小島のことです。そういった島々は〝周縁〟に位置していると一般的に言われますが、そのことによって独自のネットワークが広がり、何か大きな権力に振り回されることなく、人々は昔からの文化を保ちながら生き続けることができました。

星をたよりに航海していた人々は、単に地図やコンパスがなかったという理由だけで、星をたよったのでしょうか？　ぼくは違うと思います。彼らはその方法をむしろ積極的に選び取ったのです。

もし地図やコンパスをたよりに航海している人が、それらを一切なくしてしまったら、途方に暮れてしまうでしょう。しかし機械や装備に寄りかからず、そういったすべての要素を知恵に置き換えることができるとしたら、その人は身体一つで歩き続けることができます。それは人間に備わっている野生の力を最大限に引き出した、もっともシンプルで力強い生き方につながっていくのです。

ミクロネシアの航海者はたとえば、島と島の位置が描かれた地図を歌にして覚えます。その歌は「星の歌」と呼ばれ、長いものだと一時間以上も続きます。また、コンパスは夜

空です。円周上に32の星を配置した「スターコンパス」を頭のなかに描き、それを夜空の星々と照らし合わせて、方角を知るのです。宇宙から届く星の光を自分の身体の中で翻訳し、進むべき方角を見極めるというのは、素晴らしい技術だと思いませんか?

ヤップ島の岸辺でおじいさんに話を聞いたときは半信半疑でしたが、日本に帰って星の航海術について徹底的に調べ、そのようなさまざまな事実を、ぼくは後に知ることになりました。今まではほかの人が歩いた轍をたどり直して山の頂上を目指したり、すでに知られている場所を好奇心のおもむくままに次から次へと旅してきましたが、もしかしたら未知の領域へ向かう本当の意味での冒険が、星の航海術に隠されているのではないだろうか、そんな期待もあって、ぼくはミクロネシアに受け継がれる伝統航海術にのめりこんでいったのです。

マウという男

書物で航海術について調べていくうちに、一人の男の名を頻繁に目にするようになりま

180頁:ウォレアイ環礁を空から見ると首飾りのように見える。島には旧日本軍が残した滑走路が残されている。/181頁:ミクロネシア連邦ヤップ島の岸辺には、少ないがマングローブが生育している。

した。男の名はマウ。マウというのは「勇猛」という意味のニックネームで、本名をピウス・ピアイルグといいます。ミクロネシア連邦のサタワル島出身で、近代計器を一切使わない伝統航海術によって数々の大航海を成功させている熟練の航海者です。

「どうしてもこの人に会いたい」、ぼくはそう思いました。マウとは直接連絡のとりようがありませんでしたが、知人を介してサイパンに住む弟子の一人と連絡をとることができました。そのときマウはサタワル島ではなく、日本に近いサイパンの息子夫婦のところにやってきていたのです。ぼくは可能ならマウに弟子入りして航海術を学びたい、と伝えました。返事はシンプルでした。「直接マウと会って話してみないとわからないから、とりあえず来てみればいい」。その数日後には、ぼくは小さなザックを抱え、サイパンへ向かっていました。

サイパン郊外にあるマウの息子夫婦宅の庭でひらかれていた夕食の席で、ぼくはマウとはじめて対面しました。案内された先に座っている老人の背中は小柄で弱々しく、ぼくが考えていたマウ像とはだいぶ異なっています。

「あなたがマウ・ピアイルグですか？」

「そうだ」

ぼくの顔を度の強そうな眼鏡をとおして一瞥すると、グラスに半分くらい残っていた濃いウイスキーを一気に飲み干しました。

「おまえは私に会いにきたのか？」

「はい、そうです」

「おまえは私に会いにきたんだな？」

マウは念を押すように二度同じことを聞いて、ぼくを見つめます。鋭い眼差しにすべてを見透かされているようで、意味もなく緊張しました。周りでは酔っ払いたちが歌ったり、日本からの突然の訪問者をはやしたてたり、討論に興じていたりと騒がしかったのですが、マウの周りだけは違う時間が流れていました。ぼくは英語で自己紹介をして、航海術を学びにきた旨を話し、ミクロネシアの文化を尊敬していることを伝えました。

「日本は科学技術が進歩しているかもしれませんが、そのことによって人間がもともと持っていた生きるための知恵を失いつつあります。ぼくはあなたから自然と共に生きるための技術を学びたい」

マウはほんの少し表情をくずし、「わかった」とだけ言ってふたたびグラスにウイスキーをなみなみと注ぎました。

マウは、一九七六年におこなわれたハワイからタヒチへ向かう実験航海にナビゲーター*として参加し、一躍その名を轟かすことになります。一カ月かけて、星の航海術によって大型の双胴カヌー（一九六頁参照）をタヒチへと導き、それを皮切りに過去の伝説のなかにしまい込まれてきた人類の長距離航海のルートを次々とたどってみせたのです。

なぜミクロネシアのマウがハワイの航海に参加したのでしょう。それは、ハワイにおいて星の航海術の伝承がとうの昔に息絶えていたからです。研究者たちは、最初にハワイにやってきた人々が単なる漂流などではなく、タヒチやマルケサス諸島のあたりからカヌーに乗って狙いを定めてやってきたのだと考えました。しかし、双胴カヌーの痕跡はポリネシアのあちこちで見つかっているものの、航海術の使い手だけは見つからなかったのです。

ナビゲーター

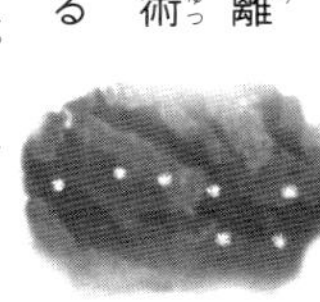

ミクロネシアの離島では、伝統航海術を操ることのできる一人前の航海者を〝パリュウ〟と呼びます。英語にも日本語にもあてはまるような言葉がなく、ナビゲーターや航海士といった名称に代えることもありますが、あまりしっくりきません。ぼくにマウのことを教えてくれた作家の星川淳さんは、パリュウのことを「航海師」と訳しました。もしかしたら、この言葉がもっともうまくそのニュアンスを伝えているかもしれませんね。

ミクロネシアのそれぞれの島々にパリュウは数えるほどしかいません。記憶力に長け、航海の勘をもち、クルーを目的地にたどり着かせる責任感と見えない島へ向かう勇気をもった人だけがパリュウになることができます。その称号を得るには、いくつかのテストに合格する必要があり、パリュウが誕生するときには儀式のようなものもおこなわれます。いわば航海術の免許皆伝ともいえるでしょう。

マウはもちろんパリュウの一人ですが、表に出ようとしないだけで、優れたパリュウは実は島に幾人も存在しているのです。チェチェメニ号という、カヌーに乗ってサタワル島から沖縄までやってきたルッパン船長やマウの師匠であるエピウマイ氏などが有名です。

植民地化されていった島々は、文明化の名のもとに次々と伝統的な文化を失い、ついには自分たちのアイデンティティに関わる航海術さえも、失ってしまいました。

そこで研究者たちはマウに白羽の矢をたてたのです。ミクロネシアの離島では今も細々と航海術が受け継がれており、そのなかでもサタワル島の優秀な航海者として信頼されていたマウをハワイに招聘し、航海術を学びながら、実験航海に参加してもらうことにしたわけです。今ではハワイの英雄ナイノア・トンプソンをはじめ、多くの人々がマウから教えを受けて、ナビゲーターとして活躍しています。一人の航海者がおこした小さなうねりは太平洋の島々全体に広がり、やがてカヌーによる伝統航海と島の歴史は切っても切れないものになっていきました。

弟子入りの日々

マウの動きは予想がつかず、いつ講義がはじまるかまったくわかりません。ぼくは一日中一緒に行動してマウの指示を待つのですが、何時間も無言のときもあれば海岸に座った途端に「ナオキ、来い」と呼ばれることもあります。ぼくはマウの一挙一動を見逃すまいとし、だんだん彼のなかにある迷宮のような深い世界に引きずり込まれていきました。

マウによる航海術の講義はサイパン到着から三日目の朝に突然はじまりました。ある日、朝食を食べ終わり、家の庭にぼんやり座っていると、マウが声をかけてきました。

「ノートとペンを持ってこい」

そのとおりにすると、今度はこんなことを言われました。

「航海術を教えるのに英語は使わない。すべてサタワル語でおこなう。おまえはサタワル語を覚えなさい」

古くから受け継がれてきた知恵を、伝承された言葉で伝えるのは至極当然なことです。マウ自身、英語が得意なほうではなかったし、ぼくの英語力もたかが知れています。一緒に暮らしていた弟子たちに助けてもらいながら、その日から必死でサタワル語習得の努力がはじまりました。

初日の講義は、基本中の基本でもある「スターコンパス」についてでした。コンパスを使わないサタワル島の航海者は、自分の乗っている舟を中心に円を描くようにして32の方位とその位置に出没する星を記憶しています。マウはノートに円を書くように指示し、その中に時計回りで1から32の数字を割り振りました。もちろん上が北で下が南を指します。1から順にマウが星の名を言い、ぼくはそれを一つずつ書き留めていきました。一番目は北極星、サタワル語では「フシュマケット」と言います。カタカナで書くと簡単ですが、慣れないうちは、発音がうまく聞き取れなくてだいぶ苦労しました。「フシュマケット」は何度聞いても「フィッシュ・マーケット」にしか聞こえず、何度も聞き返すうちにマウの機嫌が悪くなっていきます。後で語源がわかったのですが、「フシュマケット」の、「フ(ル)」が「星」を、「シュマケット」が「動かない」を意味しています。そのように言葉を区切ることによって、だんだんとサタワル語がわかるようになっていきました。

　32の星の名を覚えると今度は、その星を二対や四対にして覚えていきます。一つの星が雲に隠れても、対になった星を探して、方向を把握するためです。文字をもたないサタワルの人たちは抜群の記憶力を誇っていますが、ふだんから文字に頼っている自分にとっては書き写すのが精一杯。毎晩遅くまで星の名を暗誦して必死に覚えていきました。

マウに弟子入りした日から一カ月が経ち、航海術の基本はほぼひと通り教わったことになります。ぼくのノートは文字でいっぱいになり、覚えなくてはいけない知識は相当な数に及んでいました。

一カ月間に及んだサイパン滞在の帰国日が明日に迫ったその日、マウが言いました。

「秋にサタワル島への航海に出るが、おまえもついてくるか?」。

それは思ってもいない誘いでした。この一カ月間は座学ばかりで海に出る機会はほとんどなく、実際の航海を目の当たりにしたいという気持ちは募っていくばかり。マウと出会い、伝統航海術を学びだしたその日からぼくの頭の中は海のことでいっぱいで、こんな嬉しい誘いを断るわけがありません。ぼくは二つ返事で航海に参加させてもらうことを決め、再会を約束しました。

「航海術修得ノート」より

マウに一番最初に教えてもらったのが円周上に32の星を配置したこのスターコンパスでした。カタカナで表記していますが、とにかく発音が難しく何度もマウに怒られました。

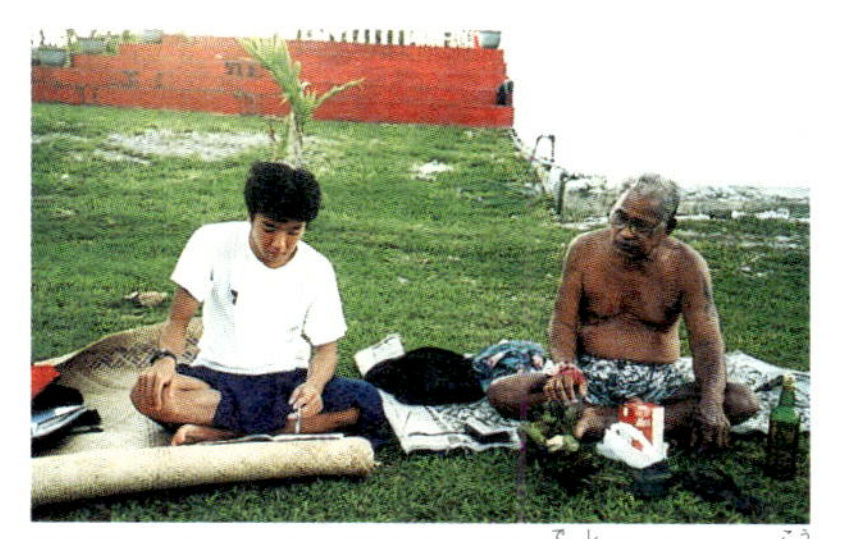

石川とマウ　マウ・ピアイルグに弟子入りして、航海術の基本を教わる。講義はいつ始まるかわからず、ぼくは常に緊張していた。

スターコンパス

東側が重要
(星が上がってくる)
西に沈む。

N　NE　E　SE　S　SW　W　NE

ターンマナヴェネファン
ターンウス
ターンイグニーク
ターンマーンス
ターン マルゲェ
ターンヴーンス
ターンバイ イファン
ターンメイナップ
ターン バイヤル
ターン エリウン
ターン セレブン
ターン トゥムル
ターンメサル
ターンル
メッツメアス
ウェナウェナスッブ
メッツメリト
トゥブーンル
トゥーブンメサル
トゥーブーントゥムル
トゥーブンセレブン
トゥーブンエリウン
トゥーブーンバイヤル
トゥーブーンメイナップ

※カロリン諸島では東西方向への移動が多いため、メイナップ(わし座α星)が常に最初に設される。ふつうはターンメイナップから時計まわりに覚える。

「フー」星「ミュマケット」動かない

「パーフー」(星を数えること)(覚える)

ターン・・・出現
トゥプン・・・没入

○円周を32等分し、それぞれの等分点が特定の星・星座の水平線上における出没位置と対応している。

極限の航海

マウと弟子たちが二年の歳月をかけて作った全長六メートル強の小さなカヌーに、ぼくを含めた十人のクルーが乗り込んだのは、一九九八年十一月二十四日のことでした。サイパンの浜で、舟は静かに帆をあげます。出発の岸辺で一人の女性が腹の底から叫びにも似た声で別れの歌を歌い、声はだんだんと遠ざかっていって、ついに風の中に消えました。

低気圧が去ったばかりの空には雲一つ無く、海面はインクのような深い濃紺をしています。船体にさざ波がぶつかり、ちゃぽりちゃぽりという音を聞きました。ぼくは出発の喜びと不安がない交ぜになって、どうにも落ち着きません。静かな船出とは裏腹に、航海自体はさまざまな試練をともなう厳しいものになるということを、ぼくたちはこの時点で知る由もありませんでした。

帆が立つまで顔を出していたマウは、しばらくするとナビゲーターだけがいることを許される畳一畳分の小さな屋根の下に潜り込みました。航海中はそこで水平線を見つめながら、カヌーのナビゲーションに集中するわけです。航海中、マウの顔を見たのはこのときが最後でした。

「風がよければ四、五日でサタワル島に着く」とマウは言っていました。最初カヌーは風を受けて順調に進んでいましたが、途中で風が止まり、帆をたたんで停滞する状態がしばらく続くようになります。

五日目を過ぎた時点で飲み水がなくなりました。持っていく水の量は、島の人々特有の大らかさで決めていたので、こうなるのもしかたありません。この事態をきっかけにぼくたちは精神的に追いつめられていきました。海上でのノドの渇きはなす術がないぶん、砂漠で水がなくなるよりおそらくつらいと思います。砂漠だったら歩いてオアシスをさがすこともできますが、太平洋の真ん中で海に飛び込んだとて、しかたありません。風が吹くのをただ祈るばかりです。ぼくたちはライムをかじったり、小さなシートに時々降る雨をためてなんとかノドの渇きを癒していました。

カヌーは島を目指して相変わらず南へ南へと進路をとっていましたが、弱風のため遅々

シングルアウトリガーカヌーとダブルカヌー

ミクロネシアのカヌーはシングルアウトリガーカヌーといって、一つの船体に一枚の三角帆とアウトリガーと呼ばれる腕木が装着されていますこのカヌーは風上へ進む能力にも優れ、風がよければばかなりのスピードで海上を疾走することができます。

ミクロネシアから東へ行くに連れて島と島との距離が広くなっていくので、人類は積載能力を高めた大型カヌーを必要としていました。そのため、カヌーの船体を二つつなげ、そのうえに人や荷物を載せられるようにした双胴船が登場します。双胴船はダブルカヌーとも呼ばれ、主にポリネシアの長距離航海に使用されてきました。

ポリネシアとは、北のハワイ、南のニュージーランド、西のイースター島をつなげた三角形内の地域を示しており、大小さまざまな島が広範囲に散らばっています。シングルアウトリガーカヌーでは最大でも十人弱の人しか乗せられませんでしたが、双胴カヌーでは二十人近い人が乗り込むことができ、数家族を乗せて遠くにあるほかの島へ移住することも可能になったのです。

ダブルカヌーの多くは、時間の経過と共に朽ちて失われていきましたが、近年になってそれをよみがえらせ、自分たちの原点として子どもたちの教育などに生かそうとする動きがハワイなどで起こりはじめます。そうして登場したのが、昔のダブルカヌーを復元したホクレア号と呼ばれるカヌーでした。

ホクレア号のナビゲーターとして、最初の長距離航海を成功させ

前頁：98年のサイパン－サタワル航海の途上で。マウがナビゲーターを務め、クルーは全部で10人だった。左はマウの息子ヘンリー、右は同じく息子のセサリオ。

たのがマウであり、その後、マウの航海術を受け継いだナイノア・トンプソンが数々の難しい航海を成し遂げて、ホクレア号は今ではハワイの象徴として多くの人に知られるようになっています。

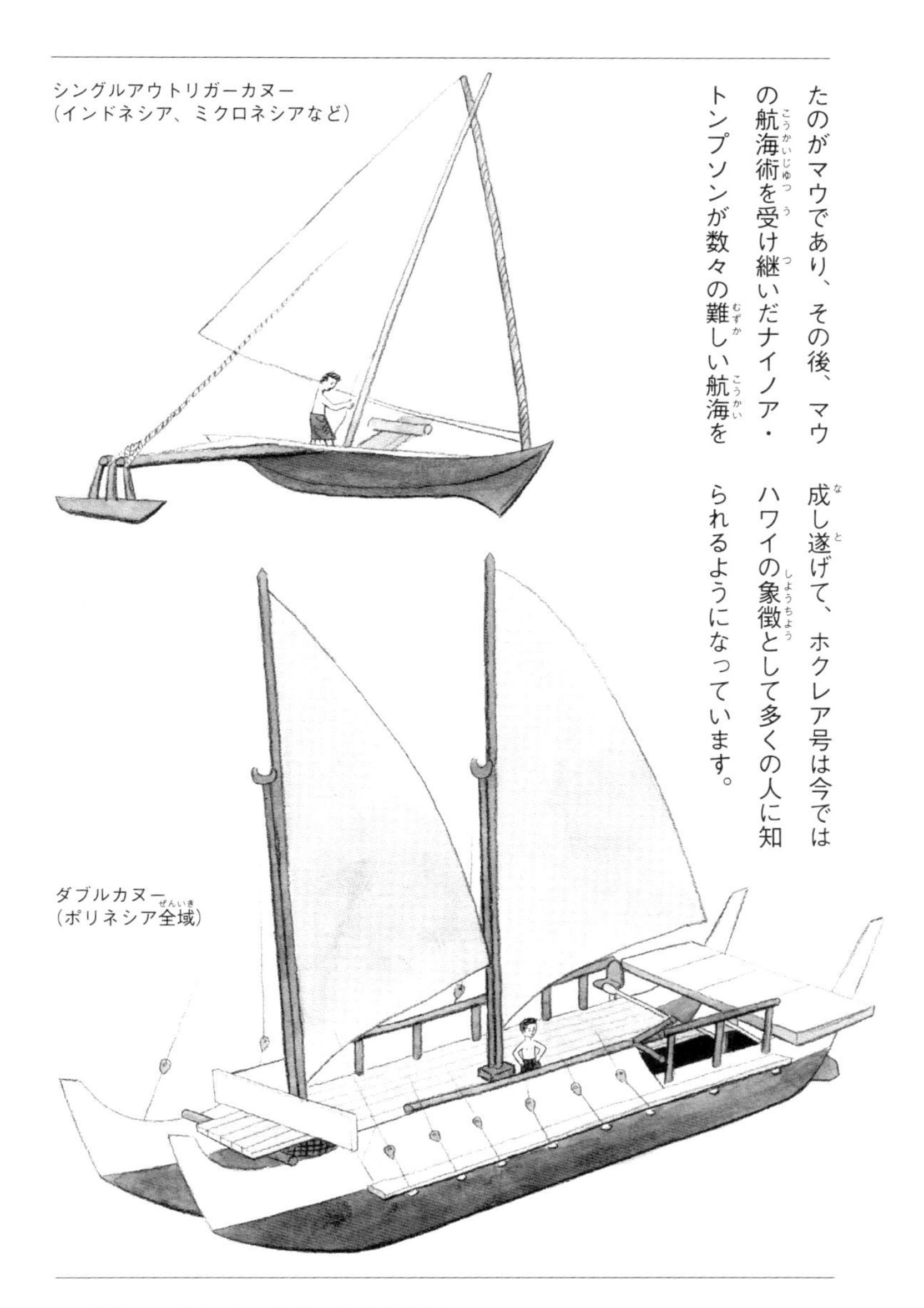

として進みません。照りつける太陽は痛いほどに肌を焼き、湿気を含んだ重い風によって体中いつも潮まみれでした。ぼくたちはあせる気持ちを必死におさえながら、毎日星を見つめ、水平線を凝視し、島影を探し続けました。目的地のサタワル島は、隆起したサンゴ礁でできた島なので、かなりの距離まで近づかないと確認できないでしょう。島に到着するためには千キロもの距離を正確に導く優れたナビゲーション・スキルが必要なのです。

飲み水が切れてしばらくたってから、一人のクルーの様子がおかしくなりました。実際には何もないのに、「船が見える」とか「あそこに島がある」などとうわごとを口走り、なぜ着かないのかと騒ぎはじめたのです。航海に出て六日目、海上での厳しい生活と島が見えない不安に耐え兼ねたのか、その男はなにごとか叫びながら海に飛び込みました。自殺を図ったのです。

「この航海はいったいどうなってしまうんだろう」、ぼくは突然起こった事態をすぐにはのみ込めず、何をしていいかわかりませんでした。一人の仲間が海に飛び込み、救助に向

次頁：カヌーのマストは固定されていない。舳先から船尾へと三角帆を移動させ、方向転換も意のままだ。

かいましたが、すでに男はカヌーから七、八メートルも離れています。ぼくたちが投げたロープは二人のもとになんとか届いたものの、男には助かろうという気持ちがなく、逆にカヌーから離れようとしています。助けにいった仲間は海を漂いながら男をひっぱたき、怒鳴りつけ、ぼくたちはロープを力任せに引っ張ってむりやり彼らを引き上げました。クルーの命に別状はなかったものの、この件でぼくたちは大きな精神的ダメージを受け、徐々にぎりぎりのところへ追いつめられようとしていました。

日に日に増す不安のなかで、マウを信じる心と裏腹に本当に伝統航海術などというもので航海ができるのかという懐疑心が心をよぎり、冷静を装いながらも胸の奥がざわめきはじめています。

ぼくたちの不安を察していたかどうかはわかりませんが、航海中、マウは方角の指示を出す以外一切しゃべらず、最後までカヌーの左舷にある畳一畳ほどの小さな屋根つきの空間から出ることはありませんでした。ぼくたちが航海中にマウと接触するのは、皿に盛った食事を渡すときだけです。その受け渡しにしても、屋根から出たマウの手に皿をつかませるだけで、あとはときたま飛んでくる指示を待つほかありません。一人の男がパニックに陥ってもマウは気に留める様子もなく、粛々とナビゲーションを続けていました。
帆をあげてから九日目、鋼鉄のような海の先に、かすかな点が見えました。その瞬間、全身からわきたつような力が溢れでました。視界のなかに陸があるということがどれだけ嬉しく、人の心を落ち着かせてくれるのかということを、このときはじめて知りました。その先に島があるかどうかもわからずに太平洋に船出していった人類の不安や決意の強さが、少しだけわかった気がします。彼らが偉大な航海者であり、勇敢なパイオニアであったことは間違いないでしょう。

海図の上でもごまつぶほどしかない島と島を結びつけてしまうというマウの奇跡に立ち会い、はるか昔から伝承されてきた航海術が今も生きていることをぼくは自分の眼で確かめることができました。自分と航海術との結びつきは、このときに本当にはじまったのです。

サタワル島での日々

まぶたを閉じると、サタワル島での光景がよみがえってきます。陽の光がピンボールのようにあちこち跳ね返りながら、目に入る風景をくまなく照らしていきます。熱せられた空気が体を覆い、ときおり吹く風がまどろみを誘います。ヤシの葉が揺れ、犬も猫もブタもニワトリもトカゲもヤシガニも人間も、その島では等しく生きていました。

島には便宜上〝ミクロネシア連邦〟という国名がつけられていますが、島の人は〝国の人〟ではなく、あくまで〝島の人〟だという意識をもって暮らしています。

サタワル島は観光地ではありません。日本の反対側にあるアフリカにだって一日あれば行ける時代なのに、日本からサタワル島へ行こうと思ったら飛行機や船を乗り継いで、最短でも十日はかかります。一周たったの六キロ、人口はおよそ五百人、離島は離島でも筋金入りの孤島です。若い人たちは大きな島へ出かけていることが多いから、実際の人口はもっと少ないかもしれません。

前頁：サタワル島への航海では何度も不安な一夜を過ごした。夕焼けを見ると、闇の到来に胸騒ぎがする。

モンゴモンゴ

ミクロネシアの離島を歩いていて、家の前を通りかかると、必ず「モンゴモンゴ！」と声をかけられました。「食べてけ、食べてけ」という意味です。島では一日三食などという決まりごとはなく、お腹がすいたときが食事の時間になります。島の人がふくよかなのは、もしかしたらそのあたりに理由があるのかもしれません。痩せ気味の自分はいつでもどこでも「モンゴモンゴ」と声をかけられ、がたいのいい男になるよう、みんな（特に年輩の女性）から指導を受けました。

上半身裸、ふんどし一枚で過ごす島の男たちのなかにあって、見かけが貧弱では女の子にもてません。日本では筋骨隆々のマッチョ体型はそんなに好かれませんが、やはり島では身体が資本なのだということを痛感しました。

島の青汁

ある朝、島の〝青汁〟を飲ませてもらいました。ヴァインという草をすりつぶしたもので、島の人いわく「ビタミンとプロテインがたっぷり」だそうです。日本と違うのは砂糖がこれでもかというほど投入されていること。激しく苦い汁に砂糖を入れたっておいしいはずがありません。友人はおおきなコップで三杯もおいしそうに飲んでいましたが、ぼくは最初の一口で気持ち悪くなりました。やっぱり、喉の渇きを癒すには新鮮な椰子の実ジュースに限ります。こちらはスポーツドリンクのような味で、いくら飲んでも飽きることがありません。

島にいるとお金は必要ありません。そもそもお店がないので、何も買うものがないのです。だから、漁に出て食料を確保しなくてはいけないし、ノドが渇いたら自分で椰子の実を割って水分を摂らなくてはいけません。また、ふんどし一丁で生活する島の暮らしにも慣れる必要があります。

突然の訪問者に漁の方法やふんどしの巻き方、天然のトイレの場所や人の性格にいたるまで一から島のことを教えてくれたのは子どもたちでした。特に大人の視線が届かなくなる夜、ぼくが泊まっていた掘っ立て小屋にはぞろぞろと子どもたちが集まります。外国人がやってくることは年に何回もないので、みんな好奇心に溢れています。たいてい、一緒に浜に出て、月と星の優しい光の下で魚を釣り、カニを探し、歌い、話し込みました。

小便がしたくなったり、汗まみれになると、そのまま海に飛びこみます。お風呂はもちろんありませんから、海で身体を洗います。夜は、寄ってくるハエや蚊に目もくれず、固い板敷きの床の上にふんどしのまま寝転がります。このような島での暮らしを続けているうちに、砂浜を照らす星々の光や島の人々との絆がぼくをとらえて放さなくなっていきま

次頁：島ではふんどし一丁で生活していた。衛星電話にＰＣをつないで日本にメールを送る。

KDD

ふんどし考

島で身につけるふんどしは、いわゆる「赤ふん」のようなものと違って、もう少しファッショナブルです。それは長さ二・五～三メートル、幅一メートル弱ほどの大きな布で、色も身につけ方もいくつか選択できるようになっています。

基本的な身に着け方を説明しましょう。まず布を縦に四つ折りにして（幅約二十センチ）、お腹からおしりを通って腰のあたりまでもってきます。右ききの人は右から、左ききの人は左から、腰のまわりをグルッと一周させておしりのところでT字を描くように下からはさみあげてとめます。そして、モモのあたりが隠れるように四つ折りをもどし、適当にたらして完成です。実際に巻くのも難しいですが、言葉にするのはさらに難しいです。隣の図解をぜひ参照してくださいね。

島の人はこの巻き方にさまざまなアレンジを加えて独自のおしゃれな着こなしをしています。若者の間ではひざ下くらいまでたらすのが流行っていて、ぼくも真似をしてそのように着ていたこともありました。もっとも愛用されている色は青で、次に赤が続きます。子どものあいだでは緑のものもポピュラーです。お年寄りのふんどしはきっと何百回も洗ったのでしょう、その人生の長さが刻みこまれているかのようにすりきれた淡い色をしていました。ぼく

が気に入って頻繁に着ていたのは紺色のふんどしで、なかなかいい色だと自分では思っていたのですが、島の人はみな明るい青を好んで着用していました。

ある日曜日、教会でミサがあるというので行ってみると、花柄のふんどしやつや消しブラックのふんどしを着けている人を見ました。みんなふだんよりもだいぶ着飾っているのがわかります。教会とふんどしという組み合わせはぼくから見るとひどくミスマッチに思えるのですが、島民のほとんどがクリスチャンというサタワル島やウォレアイ島では、至極当然なのです。ちなみに祭壇にはカヌーが祭ってあり、司祭は白ふんどしを着けていました。

用を足すときもふんどしは着けたままです。そっと横にずらし、します。海に入るときも水浴びをするときも着けたままで、いわば身体の一部のようなものです。ふんどしの利点は涼しい、乾きが早い、下着いらずという点ですが、弱点もあります。それは、ズリ落ちやすいこと。一度、パンノミを採るために木登りをしていて、ふんどしが落ちかけ、大変な目にあったことがあります。また、もし改良できるなら、ポケットがあればいいなと思います。ペンやメモを持ち歩いていると決まって雨が降ってきて、上半身は裸なのでTシャツのなかに隠すこともできず、前に垂れたふんどしの先にメモなどをくるむのですが、いつもびしょ濡れになってしまいました。

した。

毎日のように夜空を眺め、砂浜を駆け抜けているうちに、自分の中の時間の流れが少しずつ変化していきました。身体の片隅に残った島の時間は、日本に帰ってまた慌ただしい生活にもどっても、自分にとって何よりも大切にすべき感覚の一つです。今この瞬間に、ある異なる時間の流れを生きる人たちがいる。そのことだけで、ぼくの心はなんだかふっと軽くなるのです。

〝カーリュウ〟という名

サタワル島からふたたびカヌーに乗って日本へ帰ることはいくらなんでもできません。月に一回物資や医療品を運びながら島々をまわるマイクロスピリット号の到着をぼくはひたすら待ちました。その船がヤップ島まで連れていってくれるのです。

航海を共にしたクルーは、ほとんどサタワル島の人なので、それぞれの家族のもとに帰っていきました。自殺を試みた男はヤップ島にもどり、入院したと聞いています。ぼくは

前頁：カメは甲羅をはがした後、焚き火で丸焼きにする。ミクロネシアの離島ではポピュラーな食材だ。

しばらくのあいだマウの家にお世話になり、マイクロスピリット号の寄港と共に、帰国の途につきました。船に乗る直前、マウにカヌー小屋へ来るように言われました。「おまえにサタワル語の名前をあげよう」そう言って、彼がぼくに授けてくれたのは〝カーリュウ〟という名です。「海の男」というような意味らしいのですが、英語が得意ではない島の若者が訳してくれたのでそれ以上のことはわかりません。ぼくは震えるほど嬉しく、そして感謝の気持ちで胸がいっぱいになりました。

マウはカヌーを目的地に導く名ナビゲータであるばかりではなく、ぼく個人にとっての心の指針でもあります。たとえ広大な海で迷いそうになっても、自分の中にある島を見失いさえしなければ、きっと風は吹く。だからマウは言うのです。「心のなかに島が見えるか」と。

マイクロスピリット号の甲板からサタワル島の島影が見えなくなるのに長い時間はかかりませんでした。サイパンから船出した際、パスポートに出国スタンプなどは当然押してもらえなかったので、書類上は不法出国となっており、ヤップ島で少し手続きに手間取りましたが、ぼくはなんとか成田空港まで帰ってくることができました。

それは十二月二十五日、クリスマスの昼下がりでした。空港には暖かそうなニットを着込んだ若者や、ふかふかのコートに長いブーツを履いた女性が目に付きます。つい先日までふんどし生活をしていたので、まともな衣類はザックの奥底で発酵寸前でした。帰国する日のためにとっておいたポロシャツは湿っており、航海中、枕がわりになっていたフリースはすでに異臭を放っています。しかし、着るものがないのでしかたなくそれらを身につけ、クリスマスで浮かれているカップルの目をはばかりながら、そそくさと家路につきました。

島でこわしたお腹の調子は一向によくならず、家に着くと同時に動けなくなってしまいました。年の瀬なので開いている病院が少なく、大病院の急患病棟で診察を受けましたが、医者に心当たりを話すと完全にあきれられました。どうやら原因は島の食べ物のようです。アリが入ったヤシ酒をはじめ、ちょっと生っぽかったカメの丸焼きや犬の肉など心当たりはたくさんありすぎてわからないほどです。もう少しぼくは胃を鍛えなくてはいけません。体調が完全によくなったのは、それから数カ月も後のことでした。

熱気球太平洋横断

——惑星の神話へ

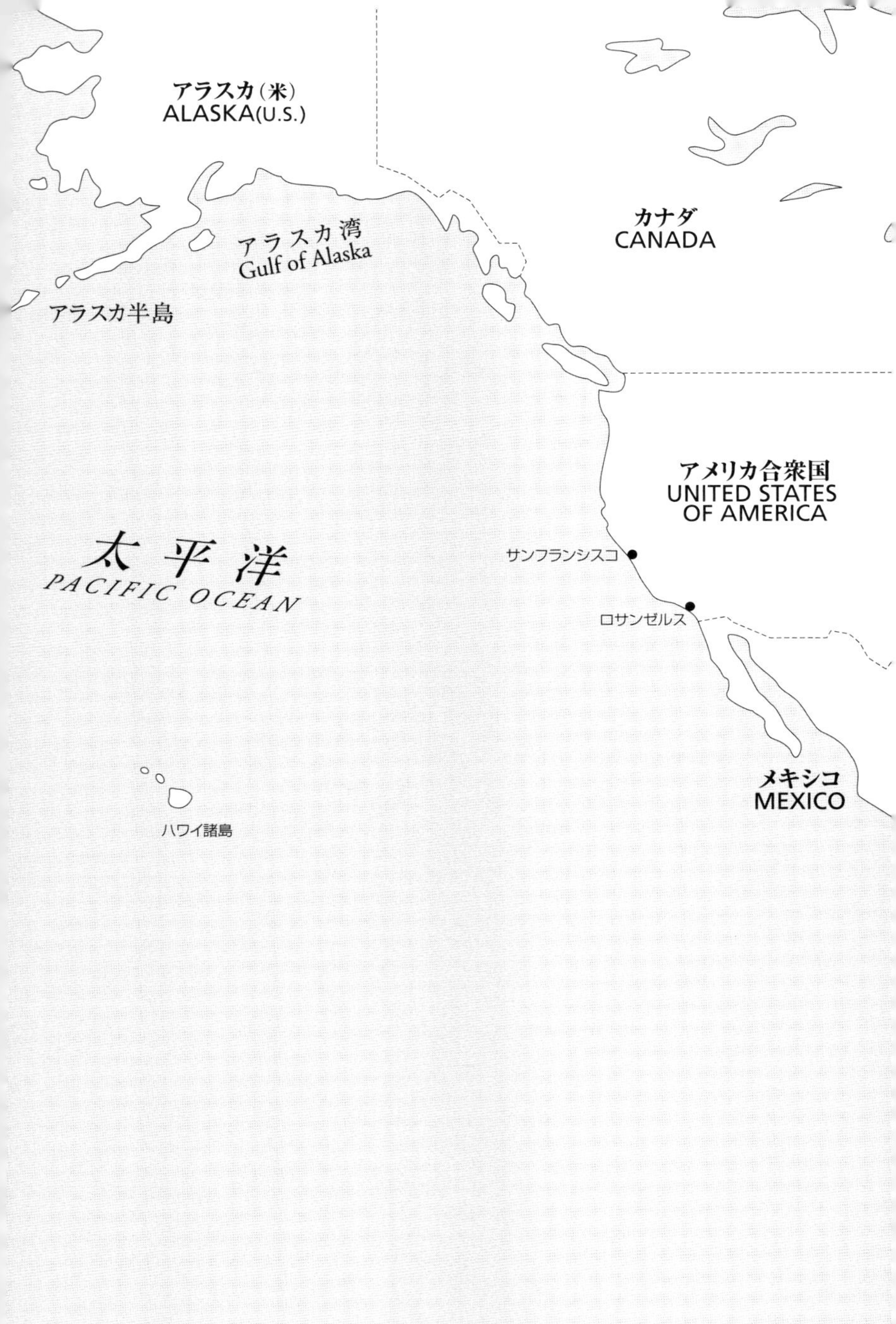

アラスカ（米）
ALASKA(U.S.)
カナダ
CANADA
アラスカ湾
Gulf of Alaska
アラスカ半島
アメリカ合衆国
UNITED STATES
OF AMERICA
太平洋
PACIFIC OCEAN
サンフランシスコ
ロサンゼルス
メキシコ
MEXICO
ハワイ諸島

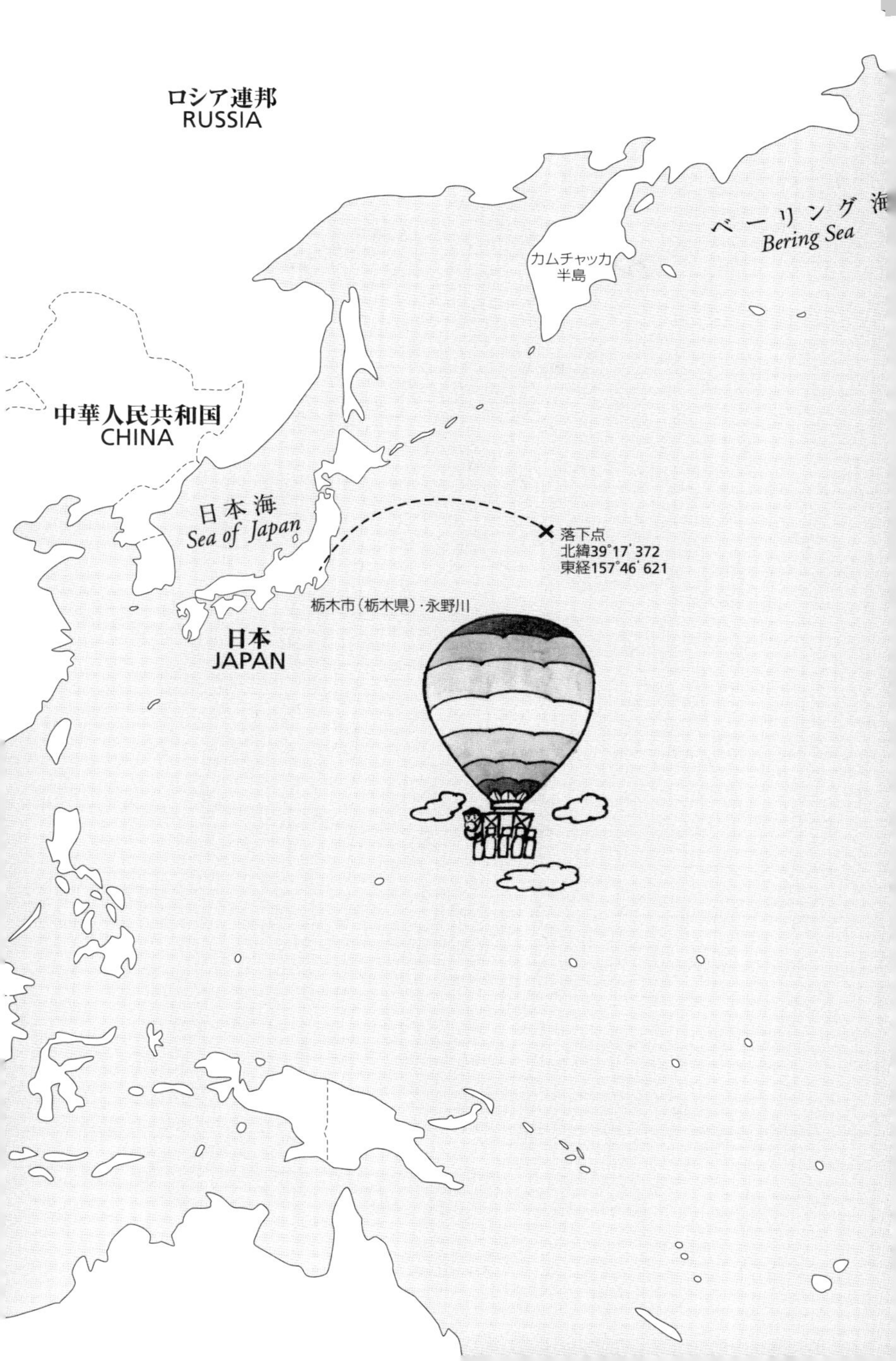
ロシア連邦
RUSSIA
ベーリング海
Bering Sea
カムチャッカ
半島
中華人民共和国
CHINA
日本海
Sea of Japan
落下点
北緯39°17' 372
東経157°46' 621
栃木市（栃木県）・永野川
日本
JAPAN

身をゆだねる旅

ここにいたるまで、ぼくは地球上のさまざまな場所を旅してきました。海、山、川、極地、砂漠、ジャングル……。未知の場所を旅したいという願いは、人間がもつ根源的な欲求の一つなのかもしれません。

地球は陸や海を通じてひとつにつながっています。水平方向への移動をとことんまで追及した人間は、その結果世界中のあらゆる場所へ散らばっていきました。ここで少しばかり視点を転じて、空を見上げてみましょう。陸地や海だけではなく、人間には高さという垂直の軸にしたがって、遠くへ行く運動も可能なのです。もちろん人類がアフリカで生まれたときにもっていた移動手段は二本足だけでしたが、そののち舟を作り、さらに科学技術が進歩したことによって、ぼくたちの視界は空に向かっても一挙に広がっていったわけです。

人間を重力の束縛からはじめて解放したのは、気球という乗り物が最初でした。飛行機は風や気流を無視して、大気を切り裂くようにして進みますが、気球は自身を風にゆだねるだけで、大気と一体になって移動していきます。今までカヌーやスキー、自転車など人力手段を使って旅を続けてきた自分にとって、その興味が空にまで広がったときに、動力を持たず、昔からほとんど変化せずに在り続ける「気球」を旅の手段として選んだのは、ごく自然な成り行きでした。

一人前の気球乗りになるためには、しなくてはいけないことが山ほどあります。気球にただ乗り込むだけなら簡単ですが、ぼくは気球を自分で操縦し、風を読みながら旅をしたいのです。そのためには自動車の運転免許証と同じように、気球のライセンス*が必要になってきますし、それにともなって気象に関する勉強も必要です。教習所のような施設はないので、ライセンスをとろうと思ったら、誰か一人前の気球乗りに教わらなくてはいけません。第一、最初から気球一式を買うわけにもいかないので（結構、お金がかかります）、持っている人を探して練習させてもらう必要があります。さらに、気球を飛ばすのに適した平野が近くにないと、気軽に練習することもできません。

気球のライセンス

日本で熱気球を操縦するには、日本気球連盟の「熱気球操縦士技能証」というライセンスが必要になります。ライセンスを取得するためには、インストラクターとの二十時間の訓練や学科試験、飛行試験などに合格しなければならず、そう簡単にパイロットの資格が得られるわけではないのです。

日本でもっともポピュラーなのは三～四人乗りの小さな気球です。気球に風を送り込んでふくらませ、徐々に立ち上げていく作業は一人では困難なので、普通は数人のグループで飛ばすことになります。また、気球が飛びあがった後は仲間が車で追跡し、着陸地点で気球をたたんでみんなでそこを引き揚げることになります。

当然パイロットには風を読む知識が必要ですし、地図や無線機も使いこなせなくてはいけません。実際に搭乗すると、飛行中も飛行前後もしなければいけないことがたくさんあって、なかなか大変です。風を読んで自由に飛ぶことができるようになれば、今まで水平方向だけに広がっていた世界が垂直方向にもひらけるようになり、行動範囲が格段に広がって、空というフィールドをもっと身近に感じられるかもしれません。

ぼくは半年間、週末になると栃木県の渡良瀬遊水池に通って訓練を重ね、ライセンスを取得しました。渡良瀬はスカイスポーツのメッカで、週末に訪ねると、風さえ強くなければどこかで必ず気球が飛んでいる姿を見ることができるでしょう。

登山にしても川下りにしても最初は何一つわかりませんでした。しかし、最低限の道具を買い揃え、経験を積むことによって、自分の身体はどんどん身軽になっていきました。気球も同じです。最初は何からはじめていいかわからず途方に暮れてしまいますが、こつこつ知識をためこんでいくうちに、いつか身体が解放されて、離陸を試みることができるようになるとぼくは信じていました。空へ。さて、また新しい一歩を踏み出しましょう。

「どこか」への遠征計画

どうやって飛行技術を学ぼうか、と日々頭の片隅で思案していた矢先、ぼくは熱気球によるアドベンチャーフライトの第一人者、神田道夫さんと出会うことになりました。そもそもの出会いは突然届いた古い友人からのメールです。「神田さんが熱気球による太平洋横断を考えていて、若いパートナーを探してます。石川君と連絡をとりたがっているので、一度会ってみませんか」と。ぼくは気球を学ぶまたとない機会だと思って、すぐに返事を出し、その数日後に都心のあまりおしゃれではない喫茶店で神田さんとお会いすることになりました。

　挨拶もそこそこに遠征の計画書をとりだした神田さんは、自分の冒険の来歴や今回の計画の概要を一気に話し始めました。ヒマラヤのナンガパルバットという山を熱気球で越えたという話を聞いたとき、歩いてチョモランマの頂に立ったことがあるぼくは、「ぷかぷか浮かびながらヒマラヤを越えられるなんて、なんだか楽ちんで気持ちよさそうだなあ」と、思ってしまいました。もちろん口には出しませんでしたけれど。

　酸素の少ない高所の恐怖については感覚的にわかっていましたが、それほど大変なことだとは思わなかったのです。おそらく高所登山を経験したことがある世間一般の人も似たような感想を持つのではないかと思います。しかし、この短絡的な感想が大きな間違いであることがわかったのは、自分が気球に乗り始めてからのことでした。

　熱気球による太平洋横断計画の概要は、以下のようなものでした。高度一万メートル付近を流れる偏西風、つまりジェット気流に乗って、時速百五十キロから二百キロメートルで東へ向かい、六十時間で北米大陸の〝どこか〟へ到着することを目的とする。

過去、太平洋横断を熱気球で成功させたのは、レコード会社の会長を務める大金持ち、リチャード・ブランソンさんの一例のみです。彼らが使った気球とゴンドラは気球メーカーに頼んで作った特注品でしたが、ぼくらが使うのは神田さんとその協力者が生地から選び、縫い合わせた手作り品です。しかも、ゴンドラはビルの屋上などにある貯水槽を改造したなかなかワイルドなものでした。

離陸日は、ジェット気流が最も強く安定する一月から二月末までのあいだの一日を狙うため、六十日に及ぶ待機期間中に急に飛ぶことが決定してもすぐに応じられる時間のある人を神田さんは探していました。大学院に通っているとはいえ、いつもふらふらと旅の途上にある自分には、お金はなくても時間はあります。神田さんからこの計画への参加をもちかけられて、ぼくはその場で「やらせてください」と返事をしました。

人間の限界

その日から、毎週末、栃木県の渡良瀬へ通い、気球の練習に明け暮れました。渡良瀬遊

気球はふくらますのもたたむのも一苦労。離陸も着陸も、いつでも仲間との共同作業だ。

水池のまわりは田んぼが多く平坦な大地が続くために、関東のスカイスポーツ愛好者のメッカになっています。風の多少強い日もかまわず練習し、埼玉のお祭りなどに出向いて子どもたちを乗せる係留飛行なども体験しました。太平洋横断遠征への待機がはじまる二〇〇四年一月までにどうにかライセンスをとろうと、ぼくは何度も何度も冬の空を飛びました。

気球の練習と並行して、年末には鹿児島の鹿屋体育大学へ行き、そこに備えてある低酸素室に入って、高所に慣れるための準備もしました。低酸素室というのは通常よりも酸素濃度を低くした特殊な部屋のことです。室内にはベッドやランニングマシーンやテレビなどが備え付けられ、なかで生活することができるようになっています。その部屋に入っていると、普通に息をしているだけでも苦しくて、頭がぼーっとしてきます。しかし、何日かそこで生活すると、だんだん低酸素状態に慣れてくるのです。

なにしろ、今回の気球の旅では地面から数時間のあいだに八千メートルにまで達するので、高所順応もへったくれもありません。さらに、空中では八千メートル以上の場所に六十時間ものあいだ滞在するのです。もちろん酸素ボンベの酸素を吸いながら飛行しますが、万一のことを考えると、高所の恐ろしさをほんの少し知っている分、ぼくは不安でしかたありませんでした。

少々話がそれるかもしれませんが、みなさんはギリシャ神話の空を飛ぶイカロスの物語を聞いたことがあるでしょうか。優秀な大工だったダイダロスとその息子イカロスが、国王ミノスの怒りに触れ、クレタ島の迷宮・ラビリンスに閉じ込められてしまうお話です。

ダイダロスは迷宮から脱出するために鳥の羽をロウソクで固めて翼を作り、二人ともそれを装着して、空へ向かって飛び立とうとしたのです。このときにダイダロスは息子のイカロスへある忠告をしました。

「海と空のちょうど中間を飛ぶんだ。あまり高いところを飛んではいけない。太陽が翼のロウを溶かしてしまうから。あまり低く飛んではいけない。海の潮がおまえをのみこんでしまうから」

しかし、イカロスは空を飛ぶうれしさのあまり、どんどん高度をあげていきます。ダイダロスが言っていたように、やがてイカロスの翼のロウは溶け始め、ついに天空から真っ逆さまに海へと落ちてしまいます。そして、イカロスは二度と姿を現すことはありませんでした。

昔の気球乗りたちは自らの限界を試すために、イカロスと同じように天空高くどこまでも高度をあげていき、やがて酸素不足からくる浮遊感、幸福感のなかで息絶えていきました。それは死ぬ前の一瞬の恍惚だったといいます。

果たして人間はどのくらいの高さまで生身の身体で耐えられるのでしょうか。たとえば、高所に行くと酸素不足のために水の沸点が下がります。普通は百度で水が沸騰するのに、富士山では八十度、ヒマラヤなどの高所では五十度から六十度くらいで沸騰してしまいます。高度一万九千メートルでは人間の体温である三十七度が沸点なので、血液が沸騰して一瞬にしてミイラになってしまうわけです。

そのことを考えると生身の人間が耐えられるのは一万メートル前後の高度がせいぜいで

前頁：栃木県の渡良瀬遊水池で熱気球の訓練中。飛んでいると風が幾層にもわかれているのをはっきりと感じる。

しょう。太平洋横断遠征では強いジェット気流に乗るために、なるべく高いところを飛ぶことになります。七千メートルよりは八千メートル、八千メートルよりは九千メートルのほうが気流が安定し、スピードが出るのです。しかし、イカロスのように誘惑に負けてしまうと、遠征は失敗してしまいます。低すぎず、そして高すぎない高度を維持して冷静に飛び続けたとき、もしかしたらぼくたちはラビリンスを抜け出して、人がいる大地に降り立てるのかもしれません。

空へ

離陸予定となった一月二十七日、長い飛行に備えて、ぼくたち二人は近くの民家で数時間の仮眠をとり、午前三時ごろ、いよいよ車で離陸地へ向かいました。離陸地は栃木市にある永野川という小さな水路のそばに広がる河川敷です。通常の気球のおよそ八倍の体積をもつオバケ気球は、すでにきれいに膨らんでいて、今にも飛んでいってしまいそうでした。

本番で使う気球をそのまま縮小した練習機で半年前から訓練をおこなっていましたが、本物を直に見たのはそのときがはじめてでした。この気球が空に浮かび、しかもそれに乗って自分が太平洋を越えていくことを想像すると、いてもたってもいられなくなってきます。「早く空に向かって飛んでいきたい」。ぼくの気持ちは昂ぶり、振りかかるさまざまな不安を押しのけていきました。

持っていく荷物の最終チェックをして、分厚いダウンスーツを身につけます。これはヒマラヤ登山や極地遠征で使われる、ダウンジャケットとパンツが一体になったワンピースの服で、マイナス四十度くらいまで耐えられるように作られています。成層圏に近い一万メートル上空まであがり、しかも歩行などの運動もなく座ったままになるので、体の熱を奪われない工夫は入念にしなくてはなりません。使い捨てカイロも酸素がなくてはうまく機能しないので、あてにできるのは自分の忍耐力だけです。

報道陣の前で会見をおこない、最後に小便をしてゴンドラへ向かいました。空の上での排泄行為についてよく尋ねられますが、小便は極地の旅と同じようにボトルの中にして、

天の川2号

天の川2号　　通常の気球

体積およそ一万六千立方メートルの熱気球。全高三十六メートル、最大直径二十六メートル。人間三十五人を載せる浮力があり、通常よく見る気球（右）の約八倍の大きさをもった世界最大クラス。ゴンドラは、ビルの屋上などにある貯水タンクにアルミフレームとフロートを装着し、四方に窓をとり付けています。

「天の川二号」のゴンドラ。水タンクを改良(かいりょう)して作られ、まわりはアルミフレームと発泡(はっぽう)スチロールに覆(おお)われている。また、ゴンドラ内には軽自動車のシートが二つ取り付けられている。手や足を伸(の)ばせるスペースはない。

溜まったら中身だけ捨てます。大便はなるべくしないのが基本です。下剤を飲んですっきりさせてから乗り込めば、六十時間程度ならしなくて済むでしょう。上空で食べる食事はカロリーメイトとお湯だけで、内臓を刺激されるものは何もないのですから。

ダウンスーツを着用してゴンドラの中に入ると、だいぶ窮屈に感じられました。高度計やGPS*など機器のチェックをしながら、ゴンドラの上では神田さんがバーナーを焚いて、地上の人々に挨拶をしています。ゴンドラはいつのまにか浮き上がり、ぼくが気付いたときにはすでに人々は豆粒のようにしか見えませんでした。

高度計を見ていると、みるみるうちに高度があがっていくのがわかります。ゴンドラから顔を出して外に目を向けると、日の出前の薄暮が広がり、通勤通学に備えて慌しい朝を迎えているであろう家々の明かりが見えました。上空からほぼ垂直に視線をおろすと、地上の建物や山の高さがわからず、すべてが平面上の模様のように感じられます。地上では視線の先に一つ一つの建物や木や人の姿がありましたが、ここではそれらをすべてひっく

GPS

GPSとは人工衛星によって場所を測定するシステムのことです。もともとはアメリカの国防省によって開発されたのですが、民間にも開放されるようになり、極地へ向かう遠征隊や登山家、研究者などによって利用され、最近はカーナビとしても急速に普及しました。

GPSによって、未知の場所を移動するリスクは飛躍的に軽減したといえます。十年ほど前、まだ日本にGPSの小型端末がそんなに輸入されていなかった頃、ぼくは海外のアウトドアショップの通販で手に入れ、英語の説明書と悪戦苦闘しながらいじくっていたのを思い出します。今までの旅では、海上や空中はもちろん、ホワイトアウト状態の雪山、北極と南極などで効果を発揮しました。

場所を数値化して教えてくれるGPSの対極に位置するのが、星の航海術（スターナビゲーション）などの身体知だといえます。GPSの値は目に見えるし正確無比かもしれませんが、ぼくはどこか信頼していない部分があります。「壊れてしまったら」とか「電池がなくなったら」とか、そのような単純な理由ではなく、固定化されたものよりも流動的なもの、目に見えるものよりも見えないもの、理性的なものよりは非理性的なものに、より確かな存在の強度があるとぼくは思っています。おそらくGPSがなくなっても、スターナビゲーションは時代を経るごとにそのデータをアップデートしながら、人から人へ受け継がれていくのではないでしょうか。

向けて
飛べ!!
天の川2号
intel

るめた〝ぜんたい〟と向き合うことになります。距離感はぼやけ、大地へと視線を投げかけているのに、本当は自分が世界から見られているようにも感じます。たとえ都市のただ中で孤独を感じても、やはりひとりひとりの人間は全世界と共にあります。上昇し続ける気球の中で、ぼくの視線や思考や感覚も流動し続けていました。

無音の青の世界

頭上から凍えるような冷気を感じ、少しばかりぼんやりすることも多くなりました。おそらく高度の影響でしょう。生を拒む場所へだんだんと近づいていきます。出発直後の雑事に追われてすっかり飲み忘れていたお湯を喉に流し込み、ポケットに入れてきたチョコレートをひとかけら口に放り込んで、「自分は生きているんだぞ」と身体に信号を送ります。高度四千メートルを越えたあたりから、ぼくは耳まで隠れる赤い帽子をかぶり、ゴム紐がついた透明ビニールの酸素マスクを装着しました。

窓の外は白くにじんだような青だけになり、地上の風景は何一つ見えなくなりました。

前頁：いよいよ太平洋横断へ。夜明け前に出発したので、地上から見ていると巨大な提灯が浮いていくように見えたらしい。

どうやら雲の中に入ってしまったようです。雲の湿気によって気球の上昇スピードは格段に落ちていきます。一刻も早くこの雲を突破しなくてはいけません。

ぼくたちはバーナーを焚き続けましたが、なかなか雲から抜け出ることができませんでした。想像以上に分厚い雲と格闘しているうちに、計算していたよりも多くの燃料を消費しており、そのことが後になって重大な結果をもたらすことになるのですが、このときはそんなことを考えている余裕はありませんでした。

やがて、雲の上に出ると、そこには無音の空間が広がっていました。バーナーの轟音がやむと、あたりから音という音が消えるのです。窓は雲の湿気が凍り付いて霜が降りたようになり、ほとんど何も見えません。頭上にあるハッチから顔を出してみると、透き通った青一色の世界がありました。遠近感のない青がどこまでも続いていて目の焦点をどこにあわせたらいいかわからないほどです。ここよりさらに高いところにはいったい何があるんだろう。おそらく昔の気球乗りもそう考えたはずです。しかし、この上の世界は人間が生きていける領域ではありません。誘惑に負けると、ロウで固められた翼は溶けてしまう

風を読むということ

風は高度によって向きも早さも違うということを皆さんはご存じですか？　空は実は何層にもわかれていて、それぞれの層を流れる風がすべて一方方向に向かって同じスピードで吹くわけではないのです。

気球は風まかせで、どこへ飛んでいくかわからないというイメージをもっている人も多いかもしれませんが、それぞれの層にある風の方向を読むことによって、Uの字を描いてスタート地点にもどってくることも可能ですし、目的地にピンポイントで降り立つこともできるようになります。

では、見えない風をどうやって読むのでしょう？　いろいろな方法がありますが、わかりやすいのは飛行前に小さな風船を空に飛ばしてみることです。見えなくなるまで風船を追い続けることで、各層の風の方向とスピードをある程度は事前に把握することができます。

また、煙突の煙を熟視することも大きなヒントになるでしょう。さらに一番頼りになるのは、空中での自分の勘です。気球の微妙な動きを敏感に感じ取って、風の層の変化を意識し、どちらに流されているか常に注意しているうちに、だんだんと風を読む感覚をつかんでいくのです。

海に複雑な潮の流れがあるように、空には幾重にも分かれた風の流れがあります。気象条件によっては上昇気流などに惑わされることもあるし、太平洋横断ではジェット気流が重要な役割を果たします。今までは何も見えなかった空に、上下左右混沌とした道筋があることを知ったとき、ぼくの前に今までとは違う多様な空が広がりはじめました。

のです。

ＧＰＳの数値は、時速二百キロを超えました。高度は八千二百メートル、ジェット気流のただ中に入ったのです。そんなにスピードが出ればゴンドラはさぞかし揺れると思うかもしれませんが、そんなことはありません。風と一体になっているがゆえに、ゴンドラは微動すらせず、ただただ浮かんでいるように感じられます。

小さな地図でたびたび今いる場所を確かめるのですが、風のような早さで移動していても、地図上の現在地は遅々として進んでくれません。徐々に日が傾いてきました。太陽の光で温められていたゴンドラ内は急激に冷えはじめ、三重の手袋をした指先や、ダウンシューズで防寒している足先がじわじわと冷たくなっていきます。太陽は少しの躊躇もせずにぼくらのもとを去り、それと同時に、今度は前触れもなく三日月が現れました。頭上のハッチを通して、三日月が揺れています。時間の経過を意識したときにはじめて、自分が遠いところに来てしまったことを実感しました。

夢を絶つ決意

来るべき闇に備えて懐中電灯をとりだし、まわりの道具の位置を確かめました。ぼくたちは移動距離などを書きとめ、残りの燃料を計算しました。北米大陸に到着するために必要な燃料が十分でないことに気づいたのは、このときです。雲の中で相当量の燃料を消費しており、このまま飛び続けてもよくて太平洋の三分の二くらいのところで燃料切れになってしまうことがわかりました。航行する船も少ないそのような海域に着水するとまず命は助からないでしょう。

無理して飛び続ければさらに危ない状態へ追い詰められ、しかし、今、下降して海へ向かうこともまたリスクが少なくありません。どちらにしても苦渋の選択であることに変わらないのですが、何よりも目標にしてきた夢を自分たちの手で絶つことが、残念でしかたありませんでした。

海へ向かって下降するしか無事に陸地にもどる方法はない。それがぼくたちが出した結論です。気球はすでに日本から東へ千六百キロも離れた場所にいました。離陸から十二時間後、一月二十七日午後六時半のことでした。

ぼくたちの作戦は、高度を下げて、海面から五百メートルくらいの上空を燃料がなくなるまで漂うというものです。時化た夜の海に降りるのは危険なので、朝を待とうとしたわけです。しかし、高度を下げていくうちに厄介な雪雲が出てきて、今度は横殴りの雪に遭遇しました。球皮はみるみるうちに重くなり、高度を保つのが難しくなっています。海面寸前のところでブレーキをかけるはずだったのに、ぼくたちは機体をうまく止められずに海の潮にのみこまれてしまいました。イカロスと違ったのは、ゴンドラの外壁に発泡スチロールを張り付けていたので、沈まなかったことくらいでしょうか。

ブレーキをかけながら落ちたので、ゴンドラが真っ黒な水面に触れたときにも衝撃はほとんどありません。頭上のハッチを閉め、ゴンドラを密閉し、漂流に備えました。備えたといっても、海上は時化ていたので、多くのことをする余裕もなく、すぐに波に弄ばれはじめます。中途半端にしぼんだ球皮は横になって海上に倒れ、そこに突風を受けてヨットのような状態で、ゴンドラは引きずられ始めました。

地獄の漂流

ここからは地獄でした。真横に傾いたゴンドラは、まるでジェットスキーのようにものすごい勢いで海面を走りはじめ、天井部分の閉めたはずのハッチから海水がざぶざぶと入ってきました。ゴンドラは気密式ではないので、ハッチを閉めていても激しい波をかぶると隙間から浸水してくるのです。ゴンドラのなかは大地震が襲ったようにめちゃくちゃになり、ぼくたち二人は船酔いですでにゲロまみれでした。

浸水した水がちゃぷちゃぷと音をたてはじめたのを聞きながら、うっすら目を開けて天を仰ぎ、「もうだめかもしれないな……」と思いました。そんなことを考えたのはさまざまな旅の経験のなかでもはじめてのことです。そして、ぼくたちを応援して送り出してくれた人たちの顔が浮かんでは消え、消えては浮かび、申し訳ない気持ちを抱きながら、浸水を防ぐために必死でハッチを押えていました。
どのくらい時間が経ったかもわかりません。横倒しになったゴンドラが突然もとの位置にもどりました。どうやらものすごい勢いで引きずられたおかげで、球皮とゴンドラをつないでいたカラビナが割れたようです。切り離されてゴンドラが元の位置にもどってからも、小山のように感じられるうねりの合間をゴンドラは漂い続けました。

その数時間後、ぼくたちは近くを通りかかった貨物船に救助されました。船はパナマ船籍のコンテナ船で、クルーはインド人とフィリピン人だけです。本当に着の身着のままで拾われたので、現金・パスポート・カード類・ノートパソコン・カメラ三台・フィルム数十本・衛星電話二台などすべてゴンドラ内に置いてきて、それらは回収されることはありませんでした。ゴンドラは海の彼方に消えてしまいましたが、もしうまく海流に乗ったとしたら今ごろはアリューシャン列島あたりの海岸に打ち上げられて、地元民に拾われているかもしれません。

仲良くなったフィリピン人のクルーにサンダルとTシャツを恵んでもらい、インド人からは歯ブラシをもらいました。彼らの恩を受けながら八日間太平洋を旅し、アメリカのロサンゼルス港に到着できました。パスポートがないので入国できずに追い返されるのではと心配しましたが、なんとか入国させてもらい、たくさんの人たちの協力をいただきながら、二本の足で陸地を踏むことができたのです。

あの雲上の世界の先に広がる無限の宇宙はいったいどんな場所でしょうか。ミクロネシアや北極に住む人々が、もし空からの視点を手に入れたとしたら、彼らが見ている世界は今とは違うものになるのではないでしょうか。大地から生まれた神話は、やがて惑星の神話へと生まれ変わるのでしょうか。どうやらぼくがラビリンスを抜け出せる日はまだ先のようです。空への憧れがいつかその先の出口へ導いてくれることを願ってはいるのですが……。

二度目のチョモランマ

——変わり続ける山

頂上アタックのはじまり

二〇〇一年五月二十三日、ぼくはチョモランマに登頂しました。チョモランマには頂上に国境線が引かれていて、北がチベット、南がネパールなっています。チベット側から登頂したあの日、ぼくは世界最高峰の頂きで、反対のネパール側からやってくる登山者たちの列を見ました。

未知のルートがくっきりと視界に入った瞬間、高度の影響でぼんやりしていたにも関わらず、今度はネパール側からも登ってみたい、と強く思ったのを思い出します。

あのとき湧き上がった新たな冒険への想いが忘れられず、最初のチョモランマ登頂から十年が経過した後、ぼくは再びチョモランマへ向かうことを決心しました。

二〇一一年五月二十日、ぼくは深夜〇時半に最終キャンプを出発しました。

三月末に日本を出発してからすでに二か月が経とうとしています。いくつものヒマラヤ

前頁：標高6000メートルの山の頂きから、夕暮れの世界最高峰を眺める。「イエローバンド」と呼ばれる地層が見えていて、ここからは海洋生物の化石が見つかっている。ヒマラヤ山脈は、数億年の昔、海の底にあったのだ。

地域の天気予報を仕入れて慎重に考えた結果、五月二十日に頂上へ向かうのがいいだろう、と判断したのです。

標高八千メートルにある最後の平地は「サウスコル」と呼ばれています。ぼくたちは、ここに最終キャンプを作りました。あたりには各隊のテントがいくつも張られており、周辺には、古いテントの残骸や飲みものの缶などが散乱しています。酸素が薄く、普段のように体を動かせない死の領域、それをヒマラヤでは「デスゾーン」と呼びますが、そうした領域への入口にあるこのキャンプ地には、長くいたくありません。

深夜〇時半、ぼくはアイゼンを足に、ヘッドライトを頭に装着してテントの外に出ました。頂上に向かう時に持っていった道具は、フィルムカメラ一台、コンパクトデジカメ二台、ヘッドライトに使う予備の電池、フィルム、カイロ、無線機、行動食（あめ、羊羹、ゼリー状の飲料）、酸素ボンベ、水筒、予備の手袋といった品々です。

テントの外では、シェルパのニマ・テンジンくんがぼくを待っていてくれました。ぼくたちのチームでは、頂上に向かう際、一人の登山者に一人のシェルパが付いて、二人一組

で登ることになっています。ぼくは、年下のニマくんと組むことになっていました。

「今日はよろしく」とぼくが暗闇（くらやみ）の中でニマくんに声をかけると、彼は大きく頷（うなず）きました。チームのみんなと示しあわせていた深夜〇時半ぴったりにテントを出たというのに、同じチームの仲間のなかにはすでに出発している者もいました。前方にはいくつかのヘッドライトの頼りない光が地面を薄く照（て）らしているのが見えました。ぼくもそれに追いつくべく、いよいよ二度目のチョモランマの最終アタックをスタートさせました。

ベースキャンプで二、三回立ち話をしただけだったのですが、ニマくんとの信頼関係はしっかり築（きず）かれています。ニマくんは、ぼくより背の高い無口な男で、ダウンベストがよく似合います。いかにも若者といった風体（ふうてい）でしたが、最初に会ったときに、彼とは友だちになれるなという確信がありました。だから、ぼくはニマくんと最後にこうして一緒に登れるのが嬉（うれ）しかったし、頼（たの）もしく思っていました。

最初は緩（ゆる）やかな雪面が続きます。ヘッドライトで足下を照らしながら、一歩一歩着実に歩くことを心がけました。ぼくが先をゆき、ニマくんは黙（だま）って後をついてきます。調子は

前頁：ネパールの首都カトマンズからルクラという谷あいの村へ飛び、そこからシェルパ族の交易路（こうえきろ）にもなっている「エベレスト街道」と呼ばれる道をたどって、登山のスタート地点となるベースキャンプを目指す。

上向きでした。七千二百メートルにある第三キャンプから、ぼくは綿密な食料計画を立てていて、頂上にいくまでの数日間、いつ何を食べるか決めていました。それが完璧に効いているのを感じます。

最終キャンプを出発する直前には、雑炊のもとと味噌汁を混ぜて食べました。そんな量は多くありませんが、食欲がなくなる高所で、しかも深夜にこれだけ食べられれば十分なはずです。登山には「しゃりバテ」という言葉があるように、足が止まるのは、疲れというよりもエネルギー不足によるところが大きいようです。それを、ぼくはここまでの道のりで思い知らされてきました。

東京では漫然と食事を摂っているので意識しないのですが、カロリーの消費が激しい高所の登山では、わずかな食料で身体中にエネルギーがみなぎるのを何度も実感しています。これは、今までに経験したことのない感覚で、食べ物を口にしたり、ゆっくりとテントで休養すると、子どもの頃に熱中したテレビゲームの主人公のように、本当に自分の命の数値がゼロに近いところからめきめきと音を立てて回復していくように感じられます。自分

を覆(おお)っている膜(まく)みたいなものがとれて、むきだしの身体が世界とこすれあい、必死でいつもの自分を維持(いじ)しようとがんばっている、そんな感覚があります。

闇の中を登る

緩(ゆる)い斜面(しゃめん)はやがて斜度を増していきました。先行していた仲間のオランダ人、レネに追いつきました。ぼくはもっと速く歩こうと思えば歩けたのですが、先は長いのでレネのペースに合わせて氷の斜面を登っていきました。全然きついと思いませんでしたし、自分がいま二度目の登頂を目指してエベレストの頂上へ向かっていることを思うとなんだかどこまでも歩いていけそうな気がしました。

しばらくすると、後ろからオーストラリアのマシューとイギリスのアランがやってきて、ぼくとレネを追い抜いていきました。彼らもぼくのチームメイトです。二人に追い抜かれたことによって、ぼくのお尻(しり)にも火がつきました。彼らの後を追ってレネの前に出ると、そこからはペースの遅い登山者を次々と追い抜いていきました。ニマくんはそれに黙って

前頁：エベレスト街道を2週間近くかけて歩く。チベット側のルートと違って、ネパール側は車が通れる道路がなく、ベースキャンプまで延々(えんえん)と歩いていかなければならない。左に見えるのは、アマダブラム（標高6856メートル）。

ついてくれます。

ルート上にはロープが固定されていて、通常はそこにカラビナというリング状の道具をかけて滑落しないように、身体を確保しながら登っていきます。ロープは一本しかないので、前の登山者を追い越すためには、そのフィックスロープから一度離れなくてはいけません。

先行する登山者が踏み固めたルートを登るのは簡単ですが、一歩ロープから離れると、踏み跡のない雪をかきわけながら進まなくてはいけなくなります。滑ったりずり下がったりしながらも、ぼくとニマくんは次々と前方の登山者を抜いていきました。

この日は百人近い人が頂上に向かっていました。ですから、前半の斜面は行列しているところもあります。なかには前の日の晩、午後七時とか八時という早い時間に出発したにもかかわらず、寝ているのか起きているのかわからない速度でのろのろと登っている人々もいます。

ぼくらは彼らの右手から一気に斜面を登り詰めていき、本当に四十人〜五十人くらいの

登山者を一気に抜いて、「バルコニー」と呼ばれる地点に到着しました。時計の針はちょうど午前三時を指していたので、最終キャンプを出てから休みなく二時間半くらい登ってきたことになります。

ぼくたちはバルコニーで一息ついて、ゼリー状の飲料を飲みました。日本から二パック持ってきていて、この日のために二か月間も温存させておいた食料の一つです。やはり、ここでもエネルギーの数値がめきめきと上がった気がして、またしばらくは身体を動かし続けることができるはずです。

バルコニーでわずか八分間だけ休憩し、再び雪面を登りはじめました。バルコニーから先は、エベレストの頂上手前にあるニセモノの頂きへ続く稜線になっていて、右手には「カンシュン・フェイス」と呼ばれる広大な急斜面が広がっています。一気に視界が開け、「カンシュン・フェイス」の先に月明かりに照らされて、どこまでも続く大地が見渡せました。

先ほど多くの登山者を抜いたので、前後には誰もいません。息切れもおさまり、落ち着いて稜線上を歩くことができます。このあたりから、ダウンジャケットの胸ポケットに入

前頁：ベースキャンプまでの旅の相棒は、ヤクだ。人間が運べないような重い荷物を黙々と運んでくれる。春や秋の登山シーズンの「エベレスト街道」では、ヤクたちとすれ違わない日はない。

れていたデジタルカメラを取り出して、たびたび動画を撮影したりもしました。

天気は快晴で、風も弱かったので、絶好(ぜっこう)の登頂日和(びより)でした。積雪が一メートルあると予想した天気予報もあったために、この日の頂上行きをやめてしまうチームもありましたが、雪はほとんど感じない程度にぽつぽつと降っただけだったので、ぼくたちは天候の心配をすることなしに、登ることにだけ集中すればよかったのです。

チョモランマの影

本物の頂上手前のニセの頂上へ続く斜面にとりつくと、右手の空が黒い闇(やみ)から色がつきはじめました。日の出が近いのでしょう。後ろを振り返ると、ニマくんぼくの顔をじっと見つめていて、その背後には世界第四位の高峰(こうほう)ローツェがそびえていました。右手からにじみ出した太陽の光が大きく強くなっていきます。

夜明けの光は活力を与えてくれる手綱(たづな)のようなものです。雲海(うんかい)に覆(おお)われた水平線の先から空が明るくなりはじめると、ぼくは急に息苦しさを感じるようになりました。酸素マス

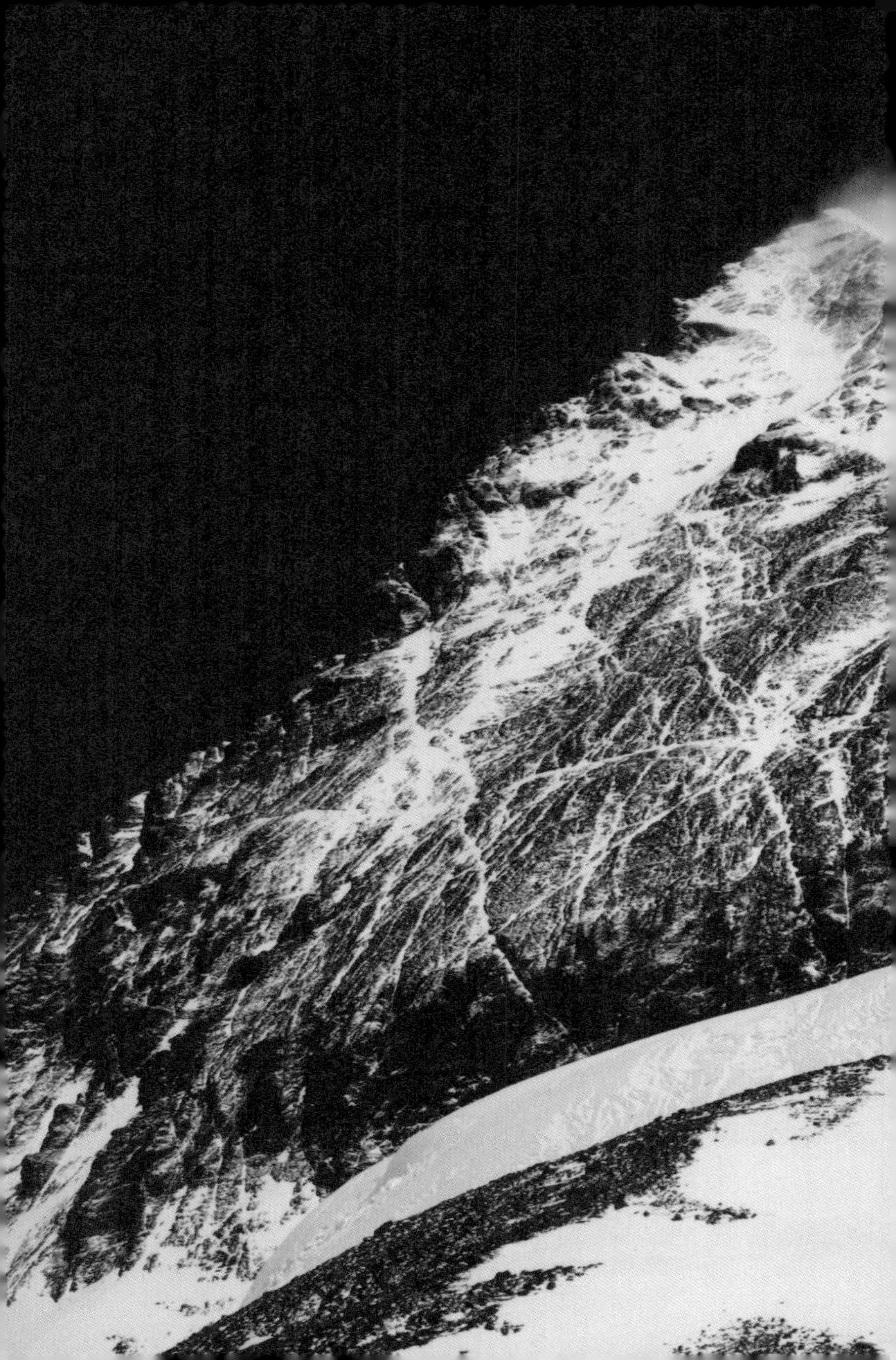

クの弁(べん)が凍(こお)り付いたのかもしれませんが、息苦しさの原因はそれだけではないでしょう。超高所の暗闇のなかを、半ば(なか)陶酔(とうすい)状態のまま登り続けてきたわけですが、空が明るくなり始めたことによって、なんだかふと我に返った気がしました。夜明けの光明のなか、ぼくはどこか別の世界から現実に引き戻されたような気がしたのです。胸の鼓動(こどう)が急に倍音のように増していきました。

自分の呼吸に意識を集中させながら歩いていると、いつのまにかニセの頂上についていました。標高は八千七百メートル、本当の頂上までもうすぐです。数メートル下ったところにある窪地(くぼち)で、ザックのポケットから抹茶(まっちゃ)味の羊羹を取り出して、握りしめるようにして食べました。普段は羊羹などあえて食べる気にはならないのですが、頂上手前、最後の食事として口に入れた羊羹はとても美味(おい)しく感じられました。

「まだいける」

羊羹を頬張(ほおば)りながら、そう思いました。時刻は午前五時十四分。あたりはすっかり明るくなっていきます。前方に岩場が見えてきました。あれが最後の難所(なんしょ)と呼ばれる「ヒラリー

前頁：標高8000メートルにある「サウスコル」からチョモランマを眺めたところ。最後のキャンプを出発した登山者二人が、右側に小さく見えている。昼間なのに、空の色が濃いのは、宇宙に近いからだ。

ステップ」かもしれない。頂上まで本当にもう少しのはずだ。すっかり明るくなった空の青さが、この登山が最終局面を迎えたことを示しています。

ここで九分間休憩して、前方に歩を進めました。雪があれば歩きやすいのですが、徐々に岩が剥き出しになっていき、滑ります。その上、斜度が大きいので壁にへばりつくようにしてゆっくり登らないといけませんでした。

毛羽だってほぐれかけたり、たこ糸のように細くなった古いロープが何本もかけられているのが見えました。ぼくはそれらのロープをまとめて掴み、岩場から落ちないように注意をはらいました。顔につけていたゴーグルが急に曇り始め、視界が遮られます。もう雪の反射で目が痛くなってもいい、と覚悟してゴーグルを頭上にあげ、裸眼で視界を確保しながらヒラリーステップの岩場にしがみつきました。

気温はマイナス三十度くらいでしょうか、左には雄大なチベット高原と雲海が広がっています。そこにチョモランマの影が見えました。最初は幻かと思ったのですが、大きな三角形の影が雲海に浮かび上がり、思わず立ち止まって写真を撮りました。

チョモランマの影ごしに下界を見つめ、「生きて帰らないといけないな」と思いました。目の前の斜面をよじ登ることにばかり集中していたのですが、ここにきて左右の視界が一気に開けたことで凄まじい高度感で身体が少しだけこわばります。「落ちたら死ぬ……」と当たり前のことを考えて、もう一度「生きて帰らないといけないな」と思いました。さっき撮影した写真に、あの影はきちんと写っただろうか、と余計なことを考えたりもしました。

八千メートルを越えた場所を歩き続けるときの身体からは、疲労や緊張からくる悲鳴であったり、細胞が躍動する喜びが交互にやってきて、繰り返しぼくの身体を通過していきます。こうした体験がぼくを山に惹きつけてやまないのかもしれません。

十年ぶり、二度目の登頂

「ヒラリーステップ」の岩場を越えると、緩やかな傾斜の雪面があります。雪庇になっているのか、右手は切れ落ちていてその先には空しか見えません。アイゼンをしっかり効か

前頁：日の出とともにあらわれたチョモランマの影。雲ははるか下にあり、雲海の上にもう一つの世界最高峰が浮かび上がった。幻を見たのかと思ったら、ちゃんと写真に写っていた。

せて雪面を進んでいくと、それ以上登ってはいけない場所、つまり唯一無二の高みがありました。五月二十日六時十二分、ぼくは二度目の世界最高峰の頂に、立ったのです。

頂上には五色の旗「タルチョ」が地面に散乱していたので、アイゼンに引っかけて転ばないように気をつけました。そんなことに気を配れるくらいには、まだ注意力も失われていなかったようです。後ろにいたニマくんは笑顔を浮かべており、ぼくは感謝の気持ちを強く強くこめながら、彼と握手をしました。

ぼくらが登ってきた南東稜とは反対側の北稜ルート、すなわち二〇〇一年にぼくが登ったチベット側からやってくる登山者も数人いました。十年前にぼくはあそこを歩いてきたのか……。今回のほうが気持ちの部分で余裕がありましたが、頂上に立てた喜びだけは十年前と変わりませんでした。

頂上の周りは切れ落ちているので、とにかく自分が落ちないように気をつけました。落ち着いて何枚も写真を撮り、三重の手袋を外してフィルムの交換もしました。ニマくんと一緒に写真を撮り、動画の撮影もきっちり終えて、ぼくはこの貴重な風景を自分の目に焼

き付けるべく、その場でぐるりと一周しました。相変わらずゴーグルは外したままだったので、目がいつやられるか心配でしたが、もう降りるだけだと思ったらそんなことも気になりませんでした。

頂上に滞在していたのはわずか二十分程度です。でも、それは生きることの喜びが凝縮されたかけがえのない時間でした。もう少し長く頂上にいたかったのですが、仲間に促され、ぼくは下山を開始しました。

「バルコニー」まで下ってきたところで、ようやく登頂の実感が湧いてきました。光に照らされたバルコニーは、夜の深さに包まれていた行きの空間とはまったく違って見えました。張り詰めていた緊張がとけ「帰ってきたんだ……」と感じられたのは、まさにこのときです。

「サウスコル」にある最終キャンプに到着したのは、午前九時前でした。テントのなかで一杯だけ紅茶を飲み、遅れていた仲間が降りてくるのを待つことにしました。登山靴を履いたままテントのなかにもぐり込み、横になって黄色いテントの天井を眺めました。

前頁：頂上に続く最後の稜線。真ん中より少し上、一人の登山者のいるあたりが難所の「ヒラリーステップ」だ。頂き間近にも二人の登山者がいるのが見える。標高はすでに8500メートルをこえている。

疲労感と虚脱感に包まれながらもこの稀有な体験がもうすぐ終わってしまうことに一抹の寂しさを感じ、すでに次の旅について思いを巡らしている自分がいます。

なぜ山に登るのか。なぜまた行きたいと思うのか。いくら考えても「好きだから」という結論にしか行き着きません。こうした長期の登山遠征は、身体にこびりついた澱のようなものをすべて消し去り、自分をシンプルな状態に引き戻してくれます。行く前と後では、世界が違って見える。行くことによって、今まで進んできた道の先が、ぐわんと広がる。そうした一連の変化が旅の成果だとしたら、二度にわたるチョモランマの登山は、ぼくにとって最高の旅だったというほかありません。

自分のなかで何かが固まって動かなくなってしまったり、新しい発見がなくなったと思ったら、高い山に登ればいい、とぼくは思っています。山はずっと昔からそこにあって動かないのに、そこに関わる人を大きく変化させます。ぼくはまたこの地に来るでしょう。そこにはいつだって新しい世界が待っているのだから。

前頁：2011年5月20日、二度目となるチョモランマの頂上にて撮影（さつえい）。向こうに見える山は、世界で5番目に高いマカルー（標高8463メートル）だ。ぼくはマカルーにも2014年に登頂することになるのだが、このときはまだ知る由（よし）もない。2度目の登頂は、新しい旅へのきっかけにすぎなかった。

想像力の旅

——もう一つの世界へ

冒険って何？

これまでは自分が実際に歩んできた道のりを書いてきました。こうして振り返ってみると、たしかに多くの人が行かないような場所や、体験しえないような行為をしてきたのかもしれません。このような経験によって、ぼくは世間から「冒険家」などと呼ばれることもあります。

しかし、辺境の地へ行くことや危険を冒して旅することが、果たして本当の冒険なのでしょうか？　そもそも「冒険」や「旅」には、いったいどんな意味があるのでしょう？　あることをきっかけに、ぼくはよりいっそうそんなふうに考えるようになりました。

観光旅行に行くことと旅に出ることとは違います。観光旅行はガイドブックに紹介された場所や多くの人が何度も見聞きした場所を訪ねることです。そこには実際に見たり触れたりする喜びはあるかもしれませんが、あらかじめ知り得ていた情報を大きく逸脱することはありません。一方、旅に出るというのは、未知の場所に足を踏み入れることです。知っ

前頁：数万年前に描かれたアボリジニの壁画は、記憶の貯蔵庫でもある。人はここで地球のなかへ潜っていくのかもしれない。

ている範囲を超えて、勇気を持って新しい場所へ向かうことです。それは、肉体的、空間的な意味あいだけではなく、精神的な部分も含まれます。むしろ、精神的な意味あいのほうが強いといってもいいでしょう。

人を好きになることや新しい友だちを作ること、はじめて一人暮らしをしたり、会社を立ち上げたり、いつもと違う道を通って家に帰ることだって旅の一部だと思うのです。実際に見知らぬ土地を歩いてみるとわかりますが、旅先では孤独を感じたり、不安や心配がつきまといます。旅人は常に少数派で、異邦人で、自分の世界と他者の世界のはざまにあって、さまざまな状況で問いをつきつけられることになります。多かれ少なかれ、世界中のすべての人は旅をしてきたといえるし、生きることはすなわちそういった冒険の連続ではないでしょうか。

生まれたばかりの子どもにとって、世界は異質なものに溢れています。もともと知り得ていたものなど何もないので、あるがままの世界が発する声にただ耳を澄ますしかありません。目の前に覆いかぶさってくる光の洪水に身をまかせるしかないのです。そういった意味で、子どもたちは究極の旅人であり冒険者だといえるでしょう。歳をとりながら、さまざまなものとの出会いを繰り返すことによって、人は世界と親しくなっていきます。やがて、世界の声は消え、光の洪水は無色透明の空気みたいになって、何も感じなくなっていくのでしょう。それは決して苦しいことではありませんから、世界との出会いを求めることもなくなり、異質なものを避けて五感を閉じていくのかもしれません。そうして世界がすでに自分の知っている世界になってしまったとき、あるがままの無限の世界は姿を変えて、ひどく小さなものになってしまいます。そのことを否定するつもりはまったくありませんし、自分もそうならないとは限りませんが、不断の冒険によって最後の最後まで旅を続けようと努力したいとぼくは思うのです。

現実に何を体験するか、どこに行くかということはさして重要なことではないのです。心を揺さぶる何かに向かいあっているか、ということがもっとも大切なことだとぼくは思います。だから、人によっては、あえていまここにある現実に踏みとどまりながら大きな旅に出る人もいるでしょうし、ここではない別の場所に身を投げ出すことによってはじめて旅の実感を得る人もいるでしょう。

ぼくが冒険家という肩書きに違和感を抱く理由がわかっていただけたでしょうか。いま生きているという冒険をおこなっている多くの人々を前にしながら、登山や川下りや航海をしただけで、「すごい冒険だ」などとは到底思えないのです。

宇宙はどこにあるか

山や川や海や空や人間のあいだをほっつき歩きながら、自分の内面をフィールドにした精神の冒険や想像力の旅を追求していくのがぼくの生き方です。地球上をくまなく移動しつつ、活字のなかに広がる世界へ没頭し、誰も到達したことがない未知の場所に行ってみたいと考えながら、誰もが知っている路上に無限の宇宙を探したいのです。

いま宇宙という言葉を使いましたが、空の上に広がる本物の宇宙には前々から興味を持っていました。NASAが撮影した月面の写真や宇宙から見た地球の写真を見たときに、自分もその場所に立ってみたいと強く思いました。絵空事ではなく、生きているあいだに宇宙を旅することは可能だと思っていますし、そういった思いを持ち続けていればどんな形であれ実現に近づいていくということをぼくは知っています。

行ったことのない宇宙の旅は、いくつもの断片的な記憶から想像するしかありません。酸素の薄いチョモランマの頂上で空を見上げながらその先にある世界を思い、気球で成層圏に近づきながら自分の身体に起こる反応を観察し、星明かりをたよりに静かな湾で一人カヤックを漕いでいると、宇宙が自分から遠く離れた場所にあるということを忘れてしまうときがあります。ミクロネシアの航海者は海で生きるための卓越した知識と神話的な思考を組み合わせることによって、宇宙から届く星の光を自分の身体に取り込み、星の航海術と呼ばれる奇跡的な知恵を生み出しました。

彼らはおそらく宇宙が自分たちの外にあるものだとは思っていないでしょう。自分たちのなかにある宇宙を身体化したものが星の航海術であり、航海者はそれを受け継ぐことによって、宇宙を直観し続けているのだとぼくは思います。

森の宇宙

太平洋を縦横に駆け回っていた巨大カヌーの原材料となる木を探して、ポリネシアの島々を旅したことがありました。なかでもニュージーランドの北島には、先住民であるマオリ族が大切にしてきた原生林が今でも残されています。

この森がほかの森と違うのは、ニュージーランドの固有種であるカウリという大木があちこちに生えていることです。カウリの木はマオリの後に入植してきたヨーロッパ人らによって乱伐され、激減しましたが、以前はカヌーを作るための建材に使用されていました。

森に入って数日が経ったある夜、頭上を見上げると、鬱蒼と茂った森の枝葉の先に天の川の広がりを見ました。あまりの星の多さに目がくらんで、星が浮いているのか、自分が星々のあいだに浮かんでいるのかわからなくなるほどです。木の幹や地面、大気などから原始の地球の息づかいが聞こえ、自分が何か大きな時間の流れに投げ出されてしまったかのように感じます。そのとき、この森がすべての森に、この空がすべての空へとつながっ

ていく回路のように思えたのです。

スペースシャトルに乗って宇宙へ飛び出してみたいという願いをもつ一方で、ミクロネシアの航海者のように、海の上で宇宙のなかに自分を入り込ませられる人々がいることを、ぼくは忘れません。ニュージーランドの原生林で感じた一つの森がすべての森であるという思いは、空の先にある宇宙と自分の身体のなかにある宇宙を共振させるためのヒントになると思うのです。

丘の上のペトログリフ

地球上にもはや地理的な空白がほとんど存在しないとしたら、未知のフィールドを求める旅人は、より遠くへ遠くへと視線を投げかけなければいけないのでしょうか。もちろんそうすることもときに必要ですが、未知の領域は実は一番身近な自分自身のなかにもあり、また、現実を超えたもう一つの世界がすぐそばに存在しているとぼくは思います。

話がだんだんとわかりづらくなってきたかもしれませんが、どうか最後までついてきて

前頁：ニュージーランド北島の原生林はマオリの聖地である。ここで生まれたカヌーが大海を渡り、島と島をつないでいった。

くださいね。かつてぼくはPOLE TO POLEの旅の最中にアメリカ南部、ニューメキシコ州のサンタフェという町に立ち寄ったことがあります。サンタフェの郊外には砂漠が広がり、キャンプしていた土地の近くには古いペトログリフが点在する丘がありました（一三三頁の写真参照）。ペトログリフというのは岩に刻み込まれた絵文字のことで、組み合わせて文章にする文字の類ではないのですが、その一つ一つが具体的な意味をもっています。

小高い丘の稜線を歩いていると、ところどころにペトログリフを見つけることができます。その多くは異なった螺旋状の絵になっており、刻まれている場所は決まって見晴らしがよく、静寂な場所です。そこからは、いくぶん目立った岩や山などの風景を眺めることができ、日常生活の場からはある程度の距離があります。おそらく移動や移住の道筋にしたがって描かれたものなのでしょうが、それらのペトログリフを前にして座ると、鈍感な自分でさえある異なった空気感を感じます。

それから数年のあいだに、ぼくはさまざまな場所を旅しました。いわゆる「聖地」といわれる場所を訪れるたびに、あのペトログリフの丘のことを思い出しました。そういった

地のほとんどは同じ条件下で存在しています。つまり、見晴らしのよい静寂なところか、昔からある岩や山などの近くにあり、日常からある程度離れている場所です。

ドリーミングの世界

オーストラリアの北、アーネムランドと呼ばれるアボリジニ居住区の山を、トムソンという地元アーティストの青年に案内してもらったことがあります。

トムソンは背丈を優に越す草むらへとわけ入り、枯れ草を手でかき分けながら前に進んでいきました。彼は裸足で、道なき道を軽々と登っていきます。斜面を登りきると、大きな一枚岩があり、さらに進むと草むらがなくなって見晴らしの良い丘に出ました。そこから町と広大な平原、湿地を見下ろすことができます。

目の前には回廊状になった岩壁があり、覆い被さるようになったトンネルの内部に入ると、天井一面に描かれた壁画群が目に飛び込んできました（二八二―二八三頁参照）。動物の輪郭やその骨、内臓器官などが透けて見えるように描かれていて、レントゲン写真のよ

前頁：間欠泉の近くにある森にはいつも霧が立ちこめている。森ではクモやカタツムリ、巨大コオロギなどに出会った。北島。

うな印象を受けます。

標高数百メートルにある頂上付近の狭いエリア内に巨石や洞穴状の空間があちこちにあって、岩壁画は驚異的な数にのぼります。土などから作られた顔料、草で作った筆、岩の窪みを利用した硯を使って描かれており、これらの絵はすべて「ドリーミング」と呼ばれる先祖の物語を表しています。壁画は、いわば彼らの数十年、数百年の歴史を記す図書館としての役割も果たしています。

「ドリーミング」とは、この地に動物や人間がやってきた神話の時代と今をつないでいて、動物や昆虫などの精霊を指すこともあれば、精霊の通り道を示すこともあり、それらが多様に折り重なった物語全体を意味することもあります。ドリーミングは、ぼくたちが知っている時間や空間の概念を突き抜けて存在しているのです。あるとき、ぼくが小さな岩から岩へ飛び移ろうとすると、トムソンが慌てて振り返って言いました。

「ミミ（先祖の精霊）を怒らせないように！」。

ここでは跳ねたり走ったりしてはいけません。トムソンは、はるか昔のドリーミングがいま、ここに存在していることを知っているのです。

日本の聖地

日本にも、このような異世界の扉となる場所がいくつも存在しています。たとえば、沖縄に点在する御嶽と呼ばれる拝所がそうです。一見すると森に覆われた何もない空き地なのですが、女性以外は立ち入ることができず、祀られている神は多様な意味をもちながら、気配としてしかうかがうことができません。御嶽は、海の彼方からやってくる神様との接続点であり、その場所を伝ってほかの世界へとつながることができる一種の通路でもあります。時間を超えた四次元への入り口ともいえるでしょう。

また、本州には誰もが知っている富士山という霊山があります。今ではいくつもの登山道が整備されて大衆化していますが、富士山だけではなく、もともと日本の山の多くが標高の高低にかかわらず、その地に暮らす人々の信仰の対象として存在していました。

山そのものを神とする考え方は、人々がもつ自然への畏敬の念から生まれでたものです。

噴火を繰り返しながら、しかしその美しい山容を保つ富士山は、いつしか遥拝の対象となり、修行の場と化していったのです。

富士山の麓にはいくつもの風穴や洞窟があり、その奥は光が完全に遮断された真の闇が広がっています。これらの洞窟にこもって修行した行者の伝説は数多く残されており、彼らもまた、ある別の世界への通路を探していたのかもしれません。

洞窟の奥で

洞窟はその形状からよく人間の胎内にたとえられます。富士山周辺の洞窟の奥には神を祀っているところが多いですが、ヨーロッパの洞窟などではその最深部に壁画が描かれています。洞窟の奥にある壁画は、見られることを前提に描かれたわけではなさそうです。当時は電灯などはありませんでしたし、深い洞窟の奥で松明を燃やし続けるのは危険ですから、大半の洞窟壁画は闇のなかで孤独に描かれていました。

壁画のなかでも「ネガティブハンド」と呼ばれる手の形をしたイメージは、ネガフィル

ムのように反転画像になっています。どうやって描いたかというと、自分の手を壁に置き、その上から口に含んだ顔料を息と一緒に吹き付けたというのです。

闇のなかで壁に向かって一心不乱に顔料を吹きかけるという行為を通じて、古代の人々は何を伝えたかったのでしょう。もし、伝えることを目的としていないならば、洞窟の最深部にひっそりと描かれた動物の絵は、何を表しているのでしょうか。

壁画のなかにはもちろん狩猟のサインのような役割を果たしたものもあるはずですが、闇のなかで描くという行為そのものが、時間と空間を飛び越えた別の世界と自分とをつなぐ身ぶりそのものだったのではないでしょうか。壁に向かって絵を描くことや息を吹きかけるという行為を通じて、ある種のトランス状態のなかで自分と向き合い、あるいは祈りを捧げ、四次元の世界と現実の世界を行き来していたように思えてなりません。

もう一つの未知なる世界へ

マオリの森やペトログリフの丘、アボリジニのドリーミング、富士山や御嶽や洞窟壁画

268－269頁：沖縄の知念村にある斎場御嶽は琉球王朝時代から受け継がれる神聖な場所だ。／270－271頁：富士山の周辺には多くの風穴が存在する。入り口近くは鋭い冷気に包まれ、まるで彼岸と此岸をわける境界線のようだ。／272－273頁：風穴の奥には一年中溶けない氷が鎮座する。凍り付いた氷柱の奥からは湧き水がしたたり落ちていた。

洞窟壁画

　フランスのラスコーやスペインのアルタミラ洞窟の奥に描かれた壁画は有名なので、皆さんも教科書などで目にしたことがあるかもしれません。発見された当時は「未開人に描けるわけがない」などと言われていましたが、今では学者たちによって数万年前のものであることがはっきりと認められています。壁画のモチーフはほとんどが動物で、ウマやバイソン（野牛）がもっとも多く、他にはシカ、マンモス、トナカイ、クマ、ライオン、サイなどがあります。下半身が人間で上半身が動物のような「半獣半人」のモチーフもあることから、儀式や呪術としての意味づけや、狩猟に関わる実際的な記号であるなどいろいろな説があります。

　フランスの思想家、ジョルジュ・バタイユは、洞窟壁画が芸術のはじまりであるとし、ネアンデルタール人を経て、壁画が発見されるクロマニヨン人の時代へ移り変わるあいだに、人の心に爆発的な変化があったのではないか、と言っています。ラスコーやアルタミラの他にも、インドのビーマベトカ、オーストラリア北部のアーネムランドの壁画も有名で、最近ぼくはそれらの地をまわっています。壁画の前に立って、長く遠い時間をのぞきこんでいると、目眩のような感覚とともに立ちすくんでしまいました。

　先史時代の壁画は、学者などではなくたまたま近くで遊んでいた少年や少女らによって発見されることが多いのですが、それは果たして偶然なのでしょうか。気になるところです。

274－275頁：昔から洞窟は胎内に例えられる。闇に向かって歩き続けていると、自分の意識の奥に入り込んでいくかのようだ。

などに共通しているのは、それらの場所が、ぼくたちがもっている時間や空間の認識を覆してしまうある特別な世界への通路としてひらかれているということです。

いまぼくたちが生きている物質的な空間とは別の世界が確かにあって、それは「ここ」や「あそこ」にあるのではなく、あらゆる場所に存在しています。その世界への通路は、いわゆる「聖地」と呼ばれる場所にひらかれていたり、あるいは想起する力によって自分自身の中に引っ張り込むことも可能になるでしょう。ミクロネシアの航海者や洞窟壁画を描いた人々、沖縄ではノロと呼ばれる神事を司る女性、先住民社会のシャーマン、あるいは現代の優れたアーティストなどは、そのような通路を意識せずに自分の中にもっていて、現実の世界で表現し、誰かに伝えられる力をもっているはずです。

現実の世界とは別の世界を探すプロセスは、そのまま精神の冒険であり、心を揺さぶる何かへと向かう想像力の旅へとつながっていきます。それは実際に世界を歩き回るよりもはるかに難しく、重要なことであるとぼくは考えるのですが、みなさんはどう思われますか？　たとえ世界中のあらゆる場所をくまなく見て回ったとしても、その人が歩き続けていく限り、未知のフィールドはなくならないどころか、無限に広がっていくばかりです。

旅をすることで世界を経験し、想像力の強度を高め、自分自身を未来へと常に投げ出しながら、ようやく近づいてきた新しい世界をぼくはなんとか受け入れていきたいと思っていました。そうすれば、さまざまな境界線をすり抜けて、世界のなかにいるたった一人の「ぼく」として生きていける気がするからです。

いままでに出会ったいくつもの世界や、たくさんの人の顔、なによりも大切な人の笑顔を思い描き、ともに過ごしたかけがえのない時間について心のなかでくり返し問いつづけながら、いま生きているという冒険にふたたび飛び込んでいくことしか、ぼくにはできないのです。

家の玄関を出て見上げた先にある曇った空こそがすべての空であり、家から駅に向かう途中に感じるかすかな風のなかに、もしかしたら世界のすべてが、そして未知の世界にいたる通路が、かくされているのかもしれません。

カバー表1

カラコルム山脈、ブロードピークという山の最終キャンプから、世界第2位の高峰K2を、テント越しに水平に眺めたところ。標高は7000メートルを超えている。

カバー表1袖（折り返し）

米大陸を流れる大河、ユーコン川をカヌーで下る。毎日焚火をして、濡れた衣類を乾かしながら、そのまわりでキャンプをしていた。

カバー表4

ヒマラヤの鋭鋒、アマダブラムの上部キャンプで鳥を見た。鳥たちは登山者が残した食べ物を狙って、6000メートル近い高所にまでやってくる。

カバー表4袖

アラスカとカナダの国境近くのさびれた村を探索した。雑草で周囲を覆われた廃屋を見つけ、がらんどうの室内に入ってみると、そこは異世界だった。

表紙

「POLE TO POLE」遠征中の著者ノート表紙より（イラストのぞく）。特にPCが使えない北極や南極では手書きで日記を書き続けていた。

扉

「POLE TO POLE」メンバーのディランがつかまえたカマキリの子ども。

2－3頁

パタゴニアの湖はどれも目が覚めるような美しい色を誇る。近くには先史時代の壁画が残されていた。

4－5頁

ビークル水道。ダーウィンもおそらく同じ光景を目にしていたに違いない。「吠える40度、狂う50度、叫ぶ60度」と呼ばれて恐れられる海。

312－313頁

マゼラン海峡にはいつも強い風が吹きつけている。この最果ての海を渡った先に南極大陸がある。

314－315頁

オーストラリア中央部に位置するカタ・ジュタは「風の谷」と呼ばれている。アボリジニのアナング族が儀式などをおこなう重要な聖域のひとつだ。

谷川俊太郎さんからの四つの質問への石川直樹さんのこたえ

「何がいちばん大切ですか？」

それでも生きることじゃないでしょうか。

「誰がいちばん好きですか？」

いちばん好きな人には、いちばん好きと伝えてあります。

「何がいちばんいやですか？」

この世界がなくなってしまうことです。

「死んだらどこへ行きますか？」

「ここ」や「あそこ」ではなく、あらゆる場所にいるようになります。岡本太郎なら「四次元」、ヴィム・ヴェンダースなら「時間も空間も飛び越えた物質界ではない世界」と言うかもしれません。

石川直樹（いしかわ・なおき）1977年東京生まれ。東京芸術大学大学院美術研究科博士後期課程修了。人類学、民俗学などの領域に関心を持ち、行為の経験としての移動を主題に、辺境から都市まであらゆる場所を旅しながら作品を発表し続けている。主な個展に『ARCHIPELAGO』（沖縄県立美術館 2010）『K2』（CHANEL NEXUS HALL2015）『この星の地図を写す』（水戸芸術館現代美術ギャラリー 2016、新潟市美術館 2017、市原湖畔美術館 2017、高知県立美術館 2018、北九州市立美術館分館 2018、東京オペラシティアートギャラリー 2019）『JAPONÉSIA』（ジャパンハウス サンパウロ / ブラジル 2020、オスカーニーマイヤー美術館 / ブラジル 2021）『Vette di Luce. Naoki Ishikawa sulle Alpi Orobie』（アカデミア・カッラーラ美術館 / イタリア 2023）など。著作に『この地球を受け継ぐ者へ——人力地球横断プロジェクト「P2P」の全記録』（講談社 2001、のちにちくま文庫）『最後の冒険家』（集英社 2008、開高健ノンフィクション賞）『ぼくの道具』（平凡社 2016）『極北へ』（毎日新聞出版 2018）『地上に星座をつくる』（新潮社 2020）など。写真集に『NEW DIMENSION』（赤々舎 2007）『POLAR』（リトルモア 2007、『NEW DIMENSION』と2シリーズで日本写真協会賞新人賞・講談社出版文化賞）、『CORONA』（青土社 2010、土門拳賞）『EVEREST』（CCCメディアハウス 2019）『まれびと』（小学館 2019、『EVEREST』と2シリーズで日本写真協会賞作家賞）ほか多数。

増補新版　いま生きているという冒険

2019年 5月15日　初版第1刷発行
2025年 8月20日　初版第5刷発行

著　者　石川直樹
発行者　堀江利香
発行所　株式会社　新曜社
101-0051　東京都千代田区神田神保町3-9
Tel: 03-3264-4973　Fax: 03-3239-2958
e-mail: info@shin-yo-sha.co.jp
URL: http://www.shin-yo-sha.co.jp/

よりみちパン!セ
YP10

装画・挿画　100%ORANGE／及川賢治
ブックデザイン　祖父江 慎＋根本 匠（cozfish）
印刷・製本　中央精版印刷株式会社

Printed in JAPAN ISBN 978-4-7885-1614-4 C0095

本書は、2006年、理論社より刊行された同名書籍に増補を加えたうえ再構成し、新装版として刊行したものである。